近代日本の陽明学

小島 毅

講談社学術文庫

学術文庫版序文

本書の旧版は二〇〇六年に選書メチエの一冊として刊行された。執筆の経緯は以下の通りであった。

二〇〇一年の自由民主党総裁選挙で、小泉純一郎（こいずみじゅんいちろう）は八月一五日（終戦記念日）の靖国（やすくに）神社参拝を公約に入れた。総裁に選出されて内閣総理大臣に就任すると、日取りはずらして一三日としたものの、予想どおり中国や韓国の政府は反発、小泉内閣の東アジア外交は多難の幕開けとなる。外務省は二〇〇五年一〇月に「靖国神社参拝に関する政府の基本的立場」と題する文書を発表し、「小泉総理の靖国神社参拝が、過去の軍国主義を美化しようとする試みではないかとの見方は誤りである」と弁解している。この文書は今も外務省のウェブサイトで読むことができる（www.mofa.go.jp/mofaj/area/taisen/yasukuni/tachiba.html）。

わたしが気になったことは二点あった。一つは当時の議論がいわゆるA級戦犯が合祀されている事実をめぐるものであり、そもそも靖国神社がいかなる性質の宗教施設かという本質を問うていなかったこと。二〇〇五年にちくま新書として刊行された高橋哲哉（たかはしてつや）『靖国問題』はその典型である。わたしは同じちくま新書から『靖国史観』と題する小品を二〇〇七年に上梓し、一八六八年の戊辰（ぼしん）戦争の勝者が儒教思想に基づいて（旧来の日本の伝統に背いて）創建した神社であることを強調した。同書は二〇一四年にちくま学芸文庫に『増補　靖国史観』と改題して収録されている。

そしてもう一点が、小泉首相の天真爛漫さだった。彼はこう言ってのけたのである。「正月に伊勢神宮に首相が参拝するのは恒例行事になっているのだから、同じように終戦記念日に靖国神社に参拝しても問題なかろう」と。自分の意図は国際平和のためであり、悪意によるものではないとする反論である。そこには自分とは違う見方・感じ方をする者、すなわち「他者」の存在が考慮されていない。彼のこの性格は郵政民営化などの諸政策をめぐり、反対派を「抵抗勢力」と名づけ、抹殺すべき邪悪な連中とみなした一因でもあろう。彼には腹黒さがまったく無く、善意に基づく使命感に溢れていた。わたしはそこに陽明学的心性の危うさを見たのである。

わたしは「中国の歴史」シリーズの第七巻執筆を委嘱され、二〇〇四年にその原稿を提出した。その際、併せて持ち込み原稿のかたちで講談社に渡したのが本書である。石田雄氏の自宅にフランス人研究者エディ・デュフルモン氏同道で大川周明について聞き取りに赴いたこと、献本した恩師溝口雄三（陽明学研究者）から「吉田松陰をこう酷評するのは初めて見た」と当惑ぎみに感想を言われたことなど、懐かしい思い出である。石田も溝口も鬼籍に入った。

時は流れて、小泉が寵愛・抜擢した安倍晋三が二〇〇六年の短期政権の後、二〇一二年から七年半を超える長期にわたって首相に在任した。彼もまた善意の人だった。小泉に比べて人品は劣り、いくばくか私欲にまみれていたけれど、「戦後レジーム」を変えようという熱意は、「美しい国、日本」のために良かれと思う信念に基づいていたと思われる。二〇二二年七月、郷土の先輩として尊敬していた初代内閣総理大臣伊藤博文（いとうひろぶみ）と同じく兇弾に斃（たお）れる仕儀と成ってしまったが、その陽明学性は伊藤の師だった吉田松陰の道統を継ぐ者と言えるだろう。

　イギリスやフランスが一九世紀に到達した政治的叡智は、「あなたの意見は私と異質だが、ともに同じ国民として社会生活を営んでいこう」という、思想信条の自由に基づく議会制民主主義だった。伊藤博文は憲法作成過程でそれを学んだにもかかわらず、ドイツ式に政府が主導して国論を統一する権威主義的国制を導入してしまった。一九四五年の敗戦はその過ちを反省する契機だったはずなのに、元に戻そうとする思念は広い支持層を持ち、それが安倍長期政権を可能にした。言論の多様性を保障すること、「他者」の存在を認めその意見に耳を傾けること、その重要性を訴える必要は二〇年前より高まっているように見受けられる。本書の文庫化がいくぶんか世のため人のために役立つことを念じている。

目次

近代日本の陽明学

近代日本の陽明学

プロローグ――靖国「参観」の記

靖国「問題」の所在

平成一七年（二〇〇五）一〇月一七日月曜日の午前一〇時過ぎ、日本国内閣総理大臣小泉純一郎氏は、秋季例大祭開始の日に合わせて、東京九段の靖国神社に参拝をした。境内滞在時間わずか五分という短時間ではあったが、神社拝殿の前で三五秒間（当日のテレビニュース報道）合掌敬礼した行為は、まぎれもなく「参拝」であった。

実は、六月頃から、小泉首相は八月一五日、いわゆる「終戦記念日」における参拝を予定・公言していた。だが、郵政民営化関連法案の参議院における否決に対抗して彼自身が衆議院を解散し「国民の信を問う」ため、選挙の争点に靖国問題が入り込むことを避けて、その予定を延期していた。懸案の郵政民営化関連法案成立を受けて、彼は以前の約束を、この日、実行したのだった。

わたしがその第一報を知ったのは、家人からの携帯メールによってであった。その年の毎週月曜午前、さる私立大学（「御一新」の年号を名とする大学）で大学院の授業を担当しており、本務校に立ち寄ってその資料を準備するために普段より早く家を出たわたしは、その時点でまだ「首相が参拝するらしい」とのニュースを知らなかった。講師控え室でそのメールを受信したのである。

靖国参拝を終えた小泉首相（2005年10月17日、写真提供／共同通信）

その大学は九段から徒歩一五分ほどの駿河台に位置している。わたしがいつものように教室に入り、学生たちに冗談半分に、「だそうだから、ここで授業なんぞしてないで、抗議行動に行こうか」などと言っていた一〇時一〇分過ぎに、思えば、首相はちょうど靖国神社の境内にいたのであった。わたしが教室でアジア史の一環として朱子学と陽明学について講じている頃、日本国の総理大臣は、アジア諸国の感情を逆撫でする行為を確信犯的に遂行していたのであった。

「一人の日本人として、戦争で亡くなった方々に敬意を表してきた」。これが首相の言い分である。「伊勢神宮に参拝しても〈違憲〉とは言われないのに、なぜ靖国についてだけうるさく言われるのか、自分にはわからない」。この直前に大阪高裁が下した「靖国参拝違憲」の判断に対し、彼は記者の質問にこう答えている。その開き直った姿勢に、靖国擁護派の人たちは「よく言った」と喝采を送ったかもしれない。

しかし、わたしに言わせれば、彼は決定的に何もわかっていない。これは法律論ではない、〈歴史〉の問題なのだということを。

靖国神社の起源は儒教にあり

高橋哲哉氏の『靖国問題』は、その年のベストセラーになっていた。高橋氏は、氏ならではの良識的で中庸を得た視点から、靖国神社に政教分離原則を厳格に適用して、「英霊の慰霊・顕彰」という、その本来の宗教的務めに専念してもらうことが、アジア諸国と日本とのこじれた感情を解きほぐす具体的解決策だと説く。その主張は、一市民の建設的提案としては評価したい。しかし、高橋氏も小泉首相と同じ過ちを犯している。靖国の歴史は、高橋氏が語るように近代国家の問題として見るだけでは、不充分なのだ。

普通、靖国神社は明治初期に国家の施設として創建された、「神道」の宗教施設だと理解されている。現在の法制上はそれで間違いない。靖国参拝訴訟が憲法の政教分離規定を争点に提起されているのも、靖国神社が「神道」として宗教法人格を持つからである。そして、その点でこの施設はたしかに（小泉首相が言うとおり）伊勢神宮とも、あるいはあなたの町にある八幡さまやお稲荷さんとも本質的には違わない。総理大臣が自分の故郷で氏神さまに詣でても、それが憲法違反かどうかはさほど問題にされないし、中国や韓国の政府が厳重抗議することもない。しかし、靖国は特別なのだ。

それは靖国神社の起源が、（伊勢神宮や八幡宮や稲荷や、そのほかもろもろの八百万（やおよろず）の神々を祀る神社と違って）「神道」にはないことに由来する。この神社は、実は「儒教教義に基づく社（やしろ）」なのである。

水戸学という脇役

この断定文は、学術的には不正確だ。しかし、今こう言ったのは、これから本書で紹介していく「近代日本における陽明学展開の物語」の結論を先取りし、あえて危険な表現を使ってみたかったからである。本書において、まず問題を靖国神社から説き起こしたのには、わけがある。一見すると別のものに見えるこの両者は、歴史的経緯からすると同じ潮流に属しているのだ。そのことは、本書最終章で扱う、ある高名な作家の自決事件を鍵につながることになろう。

この作家と生前親しく、また時に公開書翰でその政治的言動を「武士道」の名のもとに彼からたしなめられていた後輩作家石原慎太郎（一九三二―二〇二二）は、この時首都の行政を預かる政治家として、小泉首相の靖国参拝行為を賞賛した。これを見るとき、靖国神社と陽明学とが武士道を媒介項として結びつくのを確認できるのである。

そして、ここではもう一つ、「水戸学」という駒も重要な役割を果たしている。折から、平成一八年（二〇〇六）は水戸学の中心事業であった『大日本史』刊行一〇〇周年に当たる。『大日本史』といえば、元禄時代に亡くなった水戸黄門こと徳川光圀が始めた事業である。だが「三〇〇周年」ではない。たったの一〇〇周年なのだ。日露戦争「勝利」の翌年に、この〈文字どおりの〉世紀の大事業が完成していることに、〈歴史〉の奥深さが知られよう。「靖国神社を、この神社が創設された時から語り起こすのでは問題の本質に届かない」とわたしが主張するのは、その意味である。わたしたちは、まだ江戸時代の延長線上に生きているのだ。

「あの戦争」の博物館

そのことは、靖国神社境内にある博物館「遊就館（ゆうしゅうかん）」を見学するだけで実感できる。

平成一七年（二〇〇五）八月一四日、わたしはこの博物館の中にいた。

先述したとおり、小泉首相は当初、八月一五日の参拝を公言していた。折から、アメリカから旧知の研究者E教授が、台湾出身の夫人を伴って来日していたので、わたしはわざと教授夫妻を誘って一四日の「参観」を実行してみたのである（わたしが「参観」と書くのは、拝殿前で拝礼をせずに、単に見学しただけであるため「参拝」とは呼べないからである。もちろん、わたしはそのことを「確信犯的に」やっている。当該宗教施設やそこにおられる「信者」さんたちに対する失礼を承知のうえで、しばしば仏教寺院やキリスト教会や漢民族の「廟」を、観光施設・研究対象として見学する場合と同じ要領で。その意味では、一年に一度は靖国を「参観」するのが、わたしの「公約」である）。

八月一四日、すでに首相参拝は中止されたことが知れ渡っていた。だが、神社境内では翌日に行われる式典の準備が進み、心なしか普段の日よりは「参拝」客も多く、また、内閣の構成員が本殿で「参拝」なさるのにも出くわした。

そんななか、アメリカ・台湾・日本と、それぞれ出自を異にするわたしたち「参観」者三人連れは、拝殿前で他の参拝客が拝礼するのを、邪魔にならないよう脇から見学し、みやげ物屋をひやかし、そしてくだんの遊就館に入場した。

そこのホールには「世界を驚かせた日本の技術力」として、海軍零式艦上戦闘機、通称「ゼロ戦」が展示されており、まず人目を惹く。そして、以下に繰り広げられる展示絵巻も、その多くがゼロ戦が活躍した、現在の文部科学省検定済み教科書では「太平洋戦争」と呼ばれ、靖国神社では「大東亜戦争」と称されている、「あの戦争」に費やされている。今日の「靖国問題」なるものが、この「あの戦争」とその前史たる「支那事変」（靖国での用語）とに由来することは言うまでもない。前述する高橋氏の論点もここにある。

靖国史観に突っ込む

「あの戦争」が侵略戦争だったのか聖戦だったのか、現在でも評価が分かれるのは致し方ない。しかし、わたしたちはそれよりも昔、近代が始まる前の〈歴史〉を見る必要があるのだ。わたしたち三人は、最初の展示室でそのことをただちに感得した。

遊就館展示室1、「武人のこころ」と題された薄暗い部屋には、ひとふりの日本刀が、そしてこの刀だけが展示品として展示されている。「元帥刀」。明治国家の創設から昭和の敗戦まで、陸海軍の大将三〇名に「元帥」の称号が贈られ、これと同じ刀が授けられたという。与えるのはもちろん大日本帝国の君主、「大元帥」たる天皇であった。

そして、ほの暗い照明のなか、この刀を囲んで四首の和歌が掲示されている。だが、それらは不思議なことに、「元帥」たちが称号授与の恩典に浴して詠んだものではない。作者は、宗良親王・本居宣長・大伴家持・三井甲之。いずれも、武士道の精髄を示す例として顕彰されてきたものである。

思ひきや　手もふれざりし梓弓　おきふしわが身　なれむものとは　宗良

敷島の　大和心を人問はば　朝日ににほふ　山桜花　宣長

海行かば水漬く屍　山行かば草生す屍　大君の辺にこそ死なめ　顧みはせじ　家持

ますらをの　かなしきいのち　つみかさね　つみかさねまもる　やまとしまねを　甲之

つづく展示室2は「日本の武の歴史」と称して、古墳時代から江戸時代にいたる「この国を支えた武人の誇り」をまとめたもの。楠木正成が忠義の武人として展示されているのはよいとして——本当はあまりよくもないのだが、ここでは問わない——、織田信長・豊臣秀吉・徳川家康の「天下人三人衆」がそろって勤皇家として賛美されているのを見るのは異様である。信長については、天皇に代わって自分が王になろうとする計画を立てたという学説があるし——わたしもそう思う——、秀吉については（靖国神社の説明では）聚楽第に天皇をお招きしてお仕えしたというが、それは実質的な国王としての権威をひけらかす示威行動だったというのが歴史学界の通説だし、家康にいたっては幕府を開いて天皇から政権を奪った張本人ではないか。もちろん、彼の子孫が「大政奉還」して差し上げたのは事実だが、「東照大権現」たる「神君」は、天皇から政治を「お預かりした」憶えなどなかったはずである。彼は秀吉に代わって国王になったにすぎないのだから。

「英霊」と「朝敵」との線引きは？

だが、「靖国史観」には典拠があるのだ。それが展示室3で明かされる。「明治維新」。ここに集った尊王攘夷派の志士たちによって、「武士は本来、天皇陛下の番犬としてお仕えするもの」という使命感が熱く語られ、実践され、徳川三百年の泰平の御代を打ち壊したのであった。その思想的火付け役にも、遊就館は目配りを怠らない。展示室3に、吉田松陰ら他の著名な尊攘派志士に混じって、藤田東湖の紹介があることに、わたしはほっとした。藤田東湖。ペリー来航時点における水戸学の中心人物である。のちほど本論でも述べるように、彼は安政地震で不幸にも落命するが、吉田松陰や西郷隆盛に対して大きな影響を与えた思想家である。靖国神社――天皇制国家のために一命を捧げた武人を祭る施設――の発想の大きな基礎は、彼が担った水戸学によって提供された。そもそも「英霊」の語も、（もともとの由来はあるものの）直接的には東湖の文章に典拠を置いている（少なくとも、靖国神社自体がそうした説明のしかたをしている）。

吉田松陰も坂本龍馬も、天皇のために尽くして最期を遂げた英霊として、この部屋で

「命」の尊称をもって解説されている。だが、帝国海軍創設の歴史も解説せねばならない遊就館は、彼らの敵対勢力たる幕臣で、箱館戦争で天皇に刃向かった叛臣・榎本武揚を、降伏・帰順してのち明治国家で海軍卿を務めたからというだけの理由で、顕彰・展示している。彼と五稜郭まで同行し、ついに箱館の地に散った、新撰組副長・土方歳三は「朝敵」のまま死んだから遊就館にはいない。会津白虎隊にいたっては論外であろう。

以下、遊就館の展示室4以降は、明治以降の「英霊」たちの活躍とその背景を詳細に解説していく。ここでもその出だしが、「最後の武士」と呼ばれる西郷隆盛を「朝敵」として成敗した西南戦争だというのが皮肉だが、以下、日清・日露から「あの戦争」にいたる歴史が延々と、これでもかこれでもかという物量攻勢で展示されていく。わたしたち三人はさすがに「支那事変」あたりから気分が悪くなってきて、最後の数室はただ通り抜けるためだけに通過させていただいた。

ともかく、「遊就館がこれら近代日本の礎となられた英霊の遺品の数々を紹介し、その祖国への限りなき愛と祈りと献身の足跡を後世に伝えてきて既に九十年以上の歳月を閲する」（大原康男「監修の辞」『靖國神社遊就館の世界』産経新聞ニュースサービス）のは事実である。その物語は、「近代日本」の歩みを「あの戦争」を含めて肯定する口調で語られる。それはこの「宗教施設」が国家によって、国家のために戦死した人たちを「慰霊・顕彰」するために創建された以上、そうならざるをえない必然性を持つ「語り」なのだ。

彼らなりに忠義を貫いた新撰組や白虎隊を「日本の武人にあらず」とするこの語り口は、しかし、日本古来のものではない。少なくとも、敗者に鎮魂・哀悼の意を捧げる『平家物語』の感性とは異質である。

反・陽明学からの挑戦状

天皇につきしたがった者のみが正しいとする、戊辰戦争のなかで確立したこの独善的な論理は、先述した藤田東湖が本職として関わった『大日本史』のものであり、それに先だって大流行した頼山陽『日本外史』の論旨である。そして、動機が正しい「大義」の戦いであったことだけを根拠に、いまだに「聖戦」を称揚し、「なぜ負けたのか」を問おうとしないその思考停止ぶりは、水戸学の大義名分論と日本陽明学の純粋動機主義とが結合した産物なのだ。本書はそのことを論証していく。

だが、それによってわたしが読者諸賢に問いたいのは、単なる靖国問題ではない。そもそも、人々がみなで共有できる「歴史認識」などというものが存在しうるのかという、きわめて原理的な問いである。わたしの語る「近代日本の陽明学」は、あくまでわたしの物語であり、あなたにはあなたの、こなたにはこなたの、「近代日本の陽明学」がありうるだろう。無限の相対主義に陥るやもしれないこの泥沼でもがき苦しむことなしには、「近隣諸国との友好」などあり得ない。反・陽明学的心性を持つわたしからの、これはみなさんへの挑戦状である。

水戸学と陽明学が、政治的・思想的にはそれぞれ立場を異にしながらも、ある種の心性を共有する人たちを指す総称であることは、読み進むうちに了解していただけることであろう。靖国に参拝する人たちも、靖国を批判する人たちも、同じこの心性を持つことの不幸。わたしが一番訴えたいのは、そのことなのである。

エピソードI　大塩中斎――やむにやまれぬ反乱者

1　「乱」と呼ばれて

貧乏人は米を食えない

天保八年（一八三七）といえば、幕末の開始を告げる「黒船来航」の一六年前、まだ隣国でアヘン戦争も起こらず、日本中が「太平の眠り」に浸っている時であった。

この年二月、「天下の台所」として知られる巨大経済都市大坂（当時は「坂」と土偏の字で書いた）に、青天の霹靂というべき大事件が出来した。俗に「大塩平八郎の乱」と呼ばれる騒擾である。

今でも普通は「乱」というレッテルが貼られているこの事件、首謀者の大塩平八郎は引退した東町奉行所与力であった。いうなれば「大阪府警察本部警視正」もしくは「大阪市役所住民生活局長」である。治安・行政の責任を担う幹部職にあった人物が、大坂市中を焼き払う「暴挙」に及ぶには、よくよくの事情があった。彼は私利私欲によってこの不逞な企てに至ったわけではない。民の苦しむさまを座視できず、やむにやまれぬ心情から、無謀ともい

大塩中斎

える挙兵行動に出たのであった。

前年は「天保の飢饉」と呼ばれる凶作であった。享保・天明とならぶ、いわゆる江戸時代の三大飢饉の最後のものである。夏の三ヵ月間、東日本では冷たい雨が降りつづき、米作は壊滅的な打撃を受けた。幕府は備蓄米の放出を行ったり投機的買い占めを禁じたりといった対策を講じ、その甲斐あってか、お膝下の江戸市中はなんとか年を越すことができた。これには、一二代将軍・徳川家慶就任祝賀式典を翌年にひかえていたという事情があった。

しかし、それは他の地方の犠牲のうえに成り立つ救済措置だった。とりわけ、大坂では、東町奉行・跡部良弼（水野忠邦の実弟）が幕府の江戸廻米指令に忠実に従って米を移出しつづけており、また、豪商たちは投機的隠匿を試みて市中に米を出回らせなかった。

巨大都市ゆえの悲劇として、流通事情の悪化は市民たち、なかでも定職を持たぬ日雇いの下層住民たちにとって、死活問題となった。農村なら、米がなくても食糧調達はできる。商品経済の発達した関西ではなおさらのこと。ところが、都市住民にとっては周辺農村から、あるいは遠方の米所から移入されてくる米だけが頼りである。それが距離的には手の届くところにありながら、口には入らない。その鬱憤・憤懣はしだいに蓄積されていく。

無惨な蜂起

こうした状況を、隠居した大塩は間近に見ていたのである。隠居とはいえ、まだ数えで四四歳。血気衰えぬ年齢である。彼は跡部に対してしきりに救済策を建議する。しかし、おのが立身のために江戸からよく思われたい跡部は聞き入れない。年が改まって天保八年となるや、大塩は挙兵を決意する。これには彼の門人たちが賛同・参加し、二月の蜂起に備えて武器弾薬を調達した。一党には少なからぬ豪農が加わっており、私利を図る豪商たちとのモラルの差が人目を引く。彼らは蜂起前に一万世帯に及ぶ住民たちに「施行金」を配布しているのだ。

ところが、挙兵計画は事前に漏れた。裏切り者が出たのである。農民ではなく、武士だった。大塩の部下ともいうべき町奉行所の同心二名。彼らにしてみれば、成功する見込みもない暴挙に加担するよりも、事前に通報して被害が生じるのを食い止めようという良識が働いたのかもしれない。史家はこういう連中に対しておおむね冷たいが、わたしは彼らを責める気になれない。人間とはそういう弱さを持っている存在だし、理性的に考えれば彼らのほうが常識人だったろうからだ。

ともかく、事前に察知されたことを知るや、大塩は自邸に火を放ち、一九日の朝、ついに決起した。時代劇の「火付け盗賊改め」をご存じの読者は、江戸時代、「火付け」がいかに重罪であるかおわかりだろう（もちろん、今でも「放火」は、たとえ軽微であっても重く罰せられる。いろんな意味で「火遊び」には気を付けましょう。他人事ではありません。「悋気の炎」ほどこの世に恐ろしいものはないですよ）。

大塩の一行は、大坂中心部の天満界隈を火の海にしながら、大きな商家が集中する北船場へとやってきた。「救民」の旗印のもと、三〇〇人ほどの者が大塩に付き従ったという。ここで鴻池や三井など、今なおその名を轟かせている豪商（＝巨大企業）の店（＝本社ビル）を打ち壊し、その米倉（＝金庫）をこじ開けた。

あらかじめ挙兵情報を入手していながら、奉行所の鎮圧部隊が大塩方と戦闘に及んだのは午後になってからであった。治安部隊を目にするや蜂起勢は四散し、あっけなくけりがついた。訓練されてそれなりに士気もあったのは大塩直属の門人たちだけで、あとは烏合の衆、文字どおりの「火事場泥棒」だったからだろう。大塩が救おうと思っていた窮民たちは、挙兵に加わった者も打ち壊しで手にした米を持ってとんずらしてしまったし、その大多数は終わりまでなんら行動を起こさなかった。民衆蜂起はなかったのである。

大塩は養子とともに潜伏し、必死の捜索もむなしく、杳としてその行方は知れなくなった。一ヵ月余りしてからようやく所在が判明、捕り手が向かうと、すでに観念していた大塩はかねて用意の火薬で自爆した。享年四五（数え年で）。

崇められる犯罪者

この事件が日本全土に伝わると、さまざまな反響を呼び起こした。一方には、模倣犯が現れる。しかも、首謀者たちは大塩の門弟・残党と称して、大塩が書いた檄文を旗印に掲げていた。おそらくこれは詐称だが、そう詐称することに積極的意義を見いだされるほどには、大塩の挙兵は社会的効果があったということだろう。

他方、政府側でも事態を深刻に受け止める。仮にも幕府直参にして、大坂の治安・行政を任せられていた者の犯行である。諸大名に対しても示しがつかない。天下の副将軍、水戸藩主徳川斉昭は、幕府に対して改革を建議、それを受ける形で老中水野忠邦による「天保の改革」が始まる。芝居や風俗の取締りで評判の悪いこの改革だが、すべて改革とはそういうものであるように、既得権益にしがみつく抵抗勢力がジャーナリズムを巻き込んでの批判を展開したというわけである。江戸の三大改革（享保・寛政・天保）のなかでも最大の失敗・失政だったとされているが、それは抵抗勢力――それこそが大塩が目の敵とした豪商たちだった――が巨大になっていたためにほかならない。

明治の御代ともなると、革命を起こした今の政府を正当化するためにも、前の時代を悪く言う風潮が盛んになり、反政府運動に倒れた人たちを英雄視する流れが生じる。かくして大塩は正義の味方、庶民の味方として偶像になっていく。大塩を高く評価するのは、そう評価する側が彼に自己投影をしているからにほかならない。明治政府を擁護する（＝反徳川）にせよ、批判する（＝反権力）にせよ、大塩は先人として崇めたてまつられた。

人格的にも、大塩は決して私利私欲で蜂起したわけではないから、その点ではわたしも好感を持つ。こんな逸話がある。金頭を焼いて食べている時に話題が政治に及ぶと、興奮した大塩はこの魚を骨ごと噛み砕いて食べてしまった。彼が憂国の志士だったことを示しているが、そう証言したのは大坂町奉行を務めた矢部定謙、その証言を記録したのは次章の主人公、藤田東湖である（『見聞偶筆』）。

大塩にとってこの「乱」はやむにやまれぬものであった。ただし、彼が良かれと思ってやったことは、結局、大坂市中を焼き払い、市民の家や財産を奪う結果に終わっている。結果責任でいえば、彼はやはり犯罪者であろう。容疑は「放火」「強盗」「集団暴行」……。

「いい人だったのにねえ。信じられないよ」

テレビのワイドショーの取材に対して、顔を隠し音声を変えた大塩の隣人たちが答えそうなセリフである。見出しは「カルト集団「洗心洞」の謎を追う！」——大坂市民へのインタビューにつづけて、有識者がしたり顔のコメントをつける。「そもそもですねえ、彼が信仰していた〈陽明学〉というのは、直情径行型の危険な流派でして……」。そのあと、平和的な〈陽明学〉の道場が映り、そこの幹部が迷惑そうにこう語る。「大塩？　あいつには〈陽明学〉の真髄は全然わかっちゃいませんよ。うちはあそことは違いますから。はい、もういいでしょ、取材は！」

人の噂も七十五日。大塩の名はいつか口にされることもなくなり、十数年後、人々は江戸近郊浦賀沖に突如現れたＵＦＯの話で持ちきりになる。

2　陽明学ゆえの蜂起？

朱子学へのアンチテーゼ

大塩平八郎は「中斎」と号していた。「洗心洞」はその塾の名である。そう、彼は立派な学者先生なのだ。前節で「門人」と呼んだのも、剣術の弟子というだけでなく、ここで彼からありがたい〈宗教〉を授かり、その教えに従って窮民救済の義捐金活動を行った人たちのことである。その〈宗教〉の名を陽明学という。

もっとも、大塩は自分を「陽明学者」とは言っていない。門人の質問に答えて、「いや、俺の学問は孔子の正しい道を伝えるものであって、〈陽明学〉というように限定されるものではないさ」と述べている。

ただ、そう答えるのが、中国で誕生して以来、〈陽明学者〉たちの通例だった。「自分たちこそが本来の正しい教えを伝えている（＝今の主流派はニセモノだ）」という意識。これこそが陽明学のアイデンティティだ、といっても差し支えない。

彼らが批判するニセモノ、その最たるものが朱子学だった。中国でも朝鮮でも、そして日本でも、西暦一九世紀の思想界を支配していたのは朱子学だった。もっとも、日本の場合は仏教や国学（神道）の勢力がなかなかあなどりがたいものだったから、朱子学が圧倒的な力を持っていたわけではないけれども、それでも「学問」（あるいは「学文」）といえば、普通は朱子学による儒教教義を学ぶことだった。特に寛政の改革で松平定信が教育熱を日本全土にばらまいてからは、江戸でも大坂でも朱子学系統の学者先生たちが幅を利かせていた。大塩の師ともされる佐藤一斎なる人物は、昌平坂学問所（＝幕府の大学）の教官として朱子学を講じていながら、内面では陽明学に同情的だという批判もあり、「陽朱陰王」（「王」は次で述べる陽明学の教祖の名から）と言われていた。

大坂には、幕府からも資金援助をえながら、基本的には私立の大学として運営された懐徳堂があった。その経理を支えるのは大坂商人たち。その一部は、大塩が民の敵とみなした連中とも重なる。ここも設立当初は必ずしも朱子学一辺倒ではなく、むしろ朱子学批判の拠点という趣すらあったのだが、天保年間には町人向けにわかりやすく朱子学倫理を説くための施設となっていた。大塩は彼らとはそりが合わなかったのである。

心即理

何が彼を陽明学に引き込み、ついには決起にまで至らせたのか。ごくごく単純化して乱暴にいえば、それは「彼の気質がもともとそうだったから」というほかはない。大塩の考えが陽明学者になってから変わったのではなく、そういう考え方をする人だったから陽明学に惹かれたのである。そして、これもまた、陽明学者の多くにあてはまることである。

つまり、こういうことになる。陽明学者は陽明学を師匠から伝授される必要がない、と。中国でも日本でも（少数だが朝鮮でも）、高名な陽明学者は朱子学の学習によって陽明学者になる。教祖・王守仁（陽明）にしてからがそうである。彼は熱心に朱子学を学び、その精神を実践しようとし、挫折し、悩み、そして悟った。「理を心の外に探し求める朱子学のやり方は根本的に間違っている。理とはわが心のはたらきにほかならないのだ」と。『青い鳥』の寓話にも似たこの悟りによって、陽明学的心性を持つ後世の者たちも、晴れて陽明学者になることができるようになった。

朱子学の教義に疑問を感じる↓煩悶する↓自分独自の考えを練っていく↓陽明学について知る↓「これだ！」と思う

このチャートが、東アジア各地で反復されていく。われらが愛すべき大塩中斎氏も、この道筋をたどって、他称〈陽明学者〉、自称〈聖学の徒〉になった。

だから、陽明学には党派意識があまりない。学閥を作らない。自分の門人たち以外とは群れない。すなわち、逆に言って、はたから見ると内部分裂が激しい。大塩事件のあと、世間では陽明学とみなされている先生方は彼を弁護するどころか、大塩を激しく非難した。それは別段、自己保身（＝大塩の同類として危険人物と思われたくない）のためばかりではない。実際に、彼らは大塩の行動には賛同できなかったのだ。彼らにとって、彼らの信じる陽明学（＝正しい儒教）は、大塩のような行為に走らせるものではなかった。「えらい迷惑なやっちゃな。かなわんで」というのが、その実感であろう。そして、これは大塩を模範と仰いで一三三年後に同様の挙に及んだある文学者に対する、多くの陽明学研究者・信奉者たちの態度でもあった。

経典を読むということ

大塩の思想内容そのものについて、ここで詳しい紹介はあえてしないでおく。それはすでに多くの先人たちによって、大塩への共感をこめながら熱く語られてきた。わたしは、一人の研究者として、それらに新しい何かを付け加えるものを持たない。すでに公刊されているそれらの研究（後掲の参考文献に紹介した宮城公子氏らのもの）の要約に本書の限られた頁を使うのは、それらの研究者に対しても読者に対しても失礼だと思うからだ。本書は「大塩を読む」という内容ではないし、この先まだまだ多くの陽明学的心性の持ち主を紹介していかねばならない。ここでは彼の思想ではなく、その思惟の特性にしぼって若干の批評を試みたい。

まず一つには、経学への態度である。「経学」とは経書の解釈学である。儒教には古代の聖人によって書かれたり編まれたりした記録として、何種類かの経典があった。それを「経」と呼ぶ。

というか、そもそもこうした説明自体が同語反復（トートロジー）で、そうした経のことを一般名詞化して「経典」というのである。現在の日本語では、『般若心経』とか『法華経』とかいった仏教の経典（仏典）のほうが経として有名になっているが、もともとは儒教のほうの経にならって仏教のスートラも経と漢字表記されるようになったにすぎない（悲しいかな、わたしのワープロソフトでも上記二つの仏典はすぐにそのまま変換されるが、儒教のほうは調教・記憶させないと変換してくれない。絵帰京・書協・示教。なんだかわかります、これ？）。

閑話休題。

大塩中斎の洗心洞も、儒学を教える塾であったから、四書五経の講読授業が行われていた。そもそも、洗心、すなわち「心を洗う」とは、儒教経典の一つ『易経』のなかに見える語で、「心の汚れや雑念を取り除く」という意味である。つまりは、おのれみずからの本心に立ち返り、その澄みわたった清い精神を外界に推し及ぼして平和な社会を築いていこうという、陽明学的理念を表明した名称であった。

塾の名前

これを、大塩中斎に先行して関西で高名な儒者たちが開いていた塾の名前と比較してみよう。

まずは、伊藤仁斎。京の堀川通にあった彼の塾は古義堂と名づけられた。古義、すなわち「古い時代のことばの意味」である。彼の学問の特徴は、『論語』や『孟子』を孔子や孟子が使った当時のことばの意味で解釈・受容していくという立場にあった。それは言い換えると、朱子学や陽明学のような後世の学説に汚染される以前の、古い時代の儒教の正しい姿を復活させるということであった。彼の学派はこれにちなんで古義学と呼ばれ、のちには山鹿素行・荻生徂徠の流派と合わせて「古学派」として、朱子学・陽明学と別個に分類された。

そして、懐徳堂。大坂で最も有名だったこの塾の名称は、『詩経』や『論語』に見える「徳を懐う」という語に由来する。仁斎も町人出身だったこともあって、朱子学が持つ壮大な宇宙論・世界観よりも市井に生きる人々の倫理道徳を重視し、それゆえに『論語』を「宇宙第一之書」と評するような傾向があった。懐徳堂はそれをさらに一歩進めて、朱子学のドグマから解放されたかたちで自然科学的な知見を取り込みながら、「人間いかに生きるべきか」という問題に解答を与えるような教説を広めていた。徳性の涵養をモットーとする立場から、その塾名は付けられた。だが、この名称ではなお「徳」は「懐う」ものであり、自分をそうしたすぐれた先人・先達の水準にまで高めるべく努力することが要請されていた。

ところが、大塩の「洗心」とは、他者や外界に倫理道徳の規準を求めるのではなく、自分のなかに、その心の自然なはたらきにおいて、道徳性を見ようとする立場からの命名である。陽明学の用語でいう「良知」の発動である。学問とは知識そのものや、道徳律それ自体を学ぶことに、あるいはそれらを学んでそれに従うことに目的があるのではなく、自分の心にそなわった良知の存在に気づき、それを十全にはたらかせることができるようにするためにこそ、なされるべきものであるとされた。トリビアルな知識を衒学的に自慢したり、既成道徳への従順さを誇ったりすることは、学問する者のなすべきことではない。

中斎の行動主義は、このようにその塾名にこめられていたのである。

号に込めたもの

塾名だけではない。「中斎」という号にも、他の流派の儒者とは若干異なる気風がうかがえる。

京に塾（名称不詳）を開いていた山崎「闇斎（＝暗い書斎）」は、朱子こと朱熹の号「晦庵」の同義語である。闇斎の朱子学への心酔ぶりを示している。彼の字は「敬義」。敬も義も朱子学で重視する徳である。

山崎闇斎

伊藤「仁斎」は、最初「敬斎」と称していたが、朱子学を批判するようになってから改称した。孔子や孟子が説いたのは、敬ではなくて仁である。この改称は朱子学への宣戦布告を意味していた。

大塩と同時代に懐徳堂で活躍した学者に、中井「履軒」がいる。「履」は履行・履歴といった熟語からもわかるように、「ふみおこなう」こと、つまり実践の意味。中国の古い時代の注解（朱子学以前から存在するもの）に「礼とは履である」というものがある。礼と履は当時から同音であったと思われ、こうして同音の他字によってあることばの意味を解説する流儀が存在した。履軒の場合も、単に実践一般を意味するのではなく、礼の実践、つまりは既成の人倫道徳を遵守するという意義を持つ号であったはずである。

これらに対して、「中斎」の「中」は中庸や中和の「中」、すなわち心が適正な状態にとどまっているさまを表している。大中小や上中下のまんなかという意味ではない。この適正なる心をそうあらしめているのが良知であった。事が生じて心が発動するときにも、本体が清らかに澄みわたっていれば、間違った行動をしない。平時の心のありかたとして「中」は朱子学や陽明学で重んじることばである。

ただ、それが朱子の無謬性(むびゅう)への信仰（闇斎）や孔子が説いた道徳教説への敬慕（仁斎）、あるいは既成道徳への随順（履軒）ではなく、自分の心、おのれ自身への信頼に基づいている点で、その思惟は「陽明学的」なのである。これからわたしたちは、本書で彼と同じメンタリティーを持つ人物にたくさん出会うことになる。

近代精神か

自分自身の良心（＝良知）への信頼。それは近代西洋思想の枠組みで解釈するならば、「個人の主体性が確立した、何物にも囚われない自由で批判的な精神」とも言える。明治以降、特に昭和の敗戦による民主主義賛美の風潮のなかで、中斎が英雄・偶像となっていく理由はここにある。がんじがらめの「封建時代」に、こうしてみずからの信念を貫いたすばらしい人物もいたのだ、と。

だが、それが彼の同時代人の多くからは、冷淡なまなざしで見られていたことはすでに述べたとおりである。それはそうであろう。なにしろ、既成道徳それ自体に価値を認めるのではなく、おのが良知に照らして納得したものにだけ従うというのだから……。その挙げ句がもちろん、そのように中斎を冷たい目で見ていた輩こそが「封建道徳」を護持する守旧派、頭の固い連中なのであって、近代的意識に早くめざめたがゆえに中斎は孤立し、煩悶し、挙兵にいたったということは言えるし、実際、そう解釈されてきた。悪いのは中斎でなく、彼をそこまで追い込んだ周囲、当時の社会全体なのである。呪われた「封建体制」は糾弾されねばならぬ……。

「陽明学者」蜂起の本質

だが、待っていただきたい。中斎は同時代人にくらべて本当に「近代的」だったのか？何をもって「近代的」とするかによってこの問題には多様な解答が可能である。右に紹介した中斎理解もその一つにすぎない。「テロリズムの撲滅こそが近代」とする立場からすれば、きっとまったく逆の評価が導き出せよう。

そもそも、どのくらい西洋近代に近いかという規準で、西洋近代の思惟空間に生きていたわけではない歴史上の人物たちを裁くということ自体、「近代人」の側からする傲慢な行為にすぎない。「陽明学者」大塩中斎は、近代化のためでも民主主義のためでもなく、おのれが信じる陽明学のために、いや、上でも述べたように「陽明学」ではなく孔子・孟子の正しい教えを実践するために、武装蜂起したのであった。

この事件は日本の「陽明学」の歴史のなかで突発的ではあったが、ある意味で本質的でもあった。その後、類似する行為が、実際の武装蜂起にはいたらぬまでも、いくつもなされることになるからである。それは大塩中斎が道を開いた（＝前例を作った）振る舞いではあったが、そうなる傾向はすでに日本陽明学に胚胎していた。

わたしは「中国の陽明学はこうではなかった」とか「だから日本の陽明学受容はおかしい」とか、あるいは逆に「日本にこそ王陽明の精神が根づいた」とかいった平板な主張をするために本書を著したわけではない。天保八年に大坂で起きた事件の首謀者が陽明学を奉じていたということ、その意味するところを、もっと深い次元でもう一度検討しておきたいのである。プロローグで述べた、いまわたしたちが抱えている問題を解決する糸口を探るために。

3　知己・頼山陽

大先生がたの推薦文

「乱」を起こす二年前、天保六年（一八三五）四月、大塩中斎は一冊の本を公刊する。前述した塾名を取って『洗心洞劄記（さっき）』と名づけられていた。中斎の主著と目される作品である。その序文によれば、『古本大学刮目（こほんだいがくかつもく）』の公刊を勧める知人の意見を斥けて、雑記風のものならば刊行しても世間を騒がすことはなかろうという判断から、この本を世に出すことになったのだという。

頼山陽

中斎という男、最後の決起とはうらはらに、実際はかなり慎重な人物だったようで、自説が世間でどう評価されるかを気にしていた。「危険思想」と見られることを懼れていたのである。そのため、『洗心洞劄記』に付随して、原稿段階でこれを読んだ名士たちの感想書翰三六通を別に集めて一書とし、『洗心洞劄記附録抄』と題して同時に出版する。「わたしの本は大先生がたにも好評なんですよ」という宣伝パンフレットである。

ところが、『洗心洞劄記附録抄』にはこのほかに一つだけ、直接この本を読んで書かれたわけではない文章が混じっている。それは天保元年（一八三〇）、中斎が職を辞し、大塩宗家のある尾張に旅したことを讃える内容で、「奉送大塩君子起適尾張序」（「大塩子起君が尾張に行くのを送ってさしあげる」の意。子起は中斎の字）という題名だった。著者は、頼山陽。

「水戸学的朱子学者」との友情

江戸思想史について詳しい読者なら、ここで「あれ？」と思うのではなかろうか。山陽の父は頼春水といい、広島藩儒にして生粋の朱子学者、尾藤二洲らいわゆる「寛政の三博士」とも親しく、松平定信の寛政異学の禁を発案・支持した中心人物である。山陽自身も朱子学を奉じ、特に水戸藩で編纂されていた『大日本史』を閲読（当時まだ刊行されていないので、写本を読んだのである）して感動し、大部分をこれによりつつ『日本政記』を著したことで知られる。彼の若年の編著『日本外史』は、水戸学系統の者たちを含めて幕末の志士たちの必読書であった。要するに、中斎とは学統を異にする人物である。

朱子学と陽明学。両者はたしかに近世東アジアの儒教を二分する流派であったが、それを機械的に江戸時代の日本に当てはめることはできない。「陽明学者」大塩中斎と「水戸学的朱子学者」頼山陽とは、実は気質の上で共通・共感するものを持った友人だった。そのことの意味は、のちほどより一般的な形で水戸学を議論する次章において見ていきたい。

ともかく、頼山陽は大塩中斎が心を許した数少ない友人であった。二人の交際は文政七年（一八二四）、篠崎小竹（しのざきしょうちく）という学者の紹介で山陽が大坂の中斎の家を訪ねた時に始まる。時に中斎三二歳、山陽四五歳。

山陽はその一〇年ほど前から京都を拠点に活躍しており、しばしば大坂にも来ていた。この時は広島に住む母親が畿内観光に来たのを大坂にて出迎えたものである。山陽の母はすでにその前の年、やはり小竹の紹介で中斎に会っている。いわば母子ぐるみの交際ということになろう。

煩悶する精神

実は、山陽の父春水は、広島藩儒として召し抱えられる前は大坂住まいであって、山陽も大坂で生まれている。ただ、春水はすでに文化一三年（一八一六）に没しており、中斎は彼とは面識を得ることがなかった。なお、この文化一三年とは、呂坤（りょこん）『呻吟語（しんぎんご）』を経由して中斎が陽明学を知った記念すべき年でもあった。

春水は寛政の三博士や松平定信との同志関係が示すように、生粋の朱子学的心性の持ち主であって、中斎のように煩悶して陽明学に転向するなどということはなかった。だが、息子の山陽は、父親から後継者として期待されていたにもかかわらず、そしてそれなりの資質を持っていたにもかかわらず、おとなしく広島藩儒の地位に収まろうとはしなかった。やはり煩悶したのである。その結果、彼は出奔・脱藩し、制度的には春水から勘当されることになる。

山陽が父親のような朱子学正学派になることなく、おのが才能を発揮していったのは詩文と史学の分野であった。前述『日本外史』は二〇代にしてほぼ稿が成り、個々の事件に対する論賛も父を喪うころにはできあがっていた。文政一〇年（一八二七）、当時まだ在世であった松平定信に献呈、彼から題辞（＝序文）をもらう。大義名分論を基調にしたこの歴史書は、幕藩体制中枢にあった人物の眼鏡にも適う、好ましい書物だったわけである。

その文政一〇年、春水の親友で、山陽にとってもさまざまな意味での恩人であった菅茶山（かんちゃざん）が、備後神辺（かんなべ）（現在の福山）で没する。山陽は京都から駆けつけ、その遺品として愛用の杖を形見分けされて帰ってくる。ところがこれを道中で紛失、その捜査をなんと旧知の「警察官」中斎に依頼する。中斎もこの年長の親友のために奔走、この遺失物を探し当てて無事山陽のもとに送り届けた。中斎の隠居と宗家訪問を讃える、前述した文章は、その三年後に書かれているのだが、そこにはこうした両者の交遊が伏線としてあったわけである。

能吏と賊と、紙一重

山陽は天保三年（一八三二）九月、京で世を去る。その年の四月、大坂の中斎の家で『古本大学刮目』の原稿を見た山陽は、「出版のあかつきには自分が序文を書きましょう」と約束していた。『古本大学刮目』ではなく、『洗心洞劄記』のほうを刊行することにした中斎が、『洗心洞劄記附録抄』に上記の山陽の文章を入れたのにはそうしたわけがあった。

要は、名士・頼山陽が知己であることを満天下に示したことになる。しかも、その折に、もとの文章のなかで中斎の上司であった大坂町奉行を山陽が批判している箇所を削り、あたりさわりのないものに改訂しているのだ。中斎が直情径行型の単なるお人好しではなく、世間というものを熟知した苦労人であったことがうかがえよう。その点では山陽のほうが天真爛漫であった。

この天保六年（一八三五）は、中斎の人生の転機であった。数え年で四三歳。この『洗心洞劄記』を手始めに、以後、「乱」を起こすまでの間、彼は著書を次々と刊行する。それは彼の学者としての名が高まり、世間的にその需要が増していたためでもあろうが、同時にそれは、実際に政務にたずさわる機会を得られなかったことの代替措置という性格をも持っていた。

この年、彼は江戸の古賀侗庵から求められて、幕政についての建白書を呈していた。折から水野忠邦が老中になり、弊政改革への動きが生じていた。中斎自身も江戸出府にかなり意欲的だったとされており、もしこれが実現していたら、天保の改革を担う実務行政官のなかに、有名な鳥居耀蔵や遠山金四郎（かの「遠山の金さん」）と並んで大塩平八郎の名があったかもしれないのである。鳥居にせよ遠山にせよ、水野政権によって見いだされ、家柄不相応な異例の昇進を遂げた能吏たちであった。もし大塩出府が実現していたら、「大塩平八郎の乱」はもちろん起こらなかったであろう。

すでに大坂の与力としてだけでも、彼は「文政の能吏」として後世に名を残すはずの人材だった。天保と年号が改まったのと同時に町奉行所を辞めたあと、残りの人生をどう生きるか。結局、幕府からの招聘が実現しなかったがために、彼は大坂で間近に貧民層の窮状を見てしまう。「義を見てせざるは勇無きなり」（孔子）。知行合一・事上磨錬を掲げる陽明学を信奉する以上、彼には逃げることはできなかった。世直しのため、彼はテロの計画と決行へと突き進んでいく。

彼の遺体は死後も塩漬けで保存されたうえ、見せしめのために磔にされた。それは武士への処遇としてはきわめて苛酷なものであった。幕末期を通じて、彼は悪意をもって「塩賊」と呼ばれ、忌みきらわれることになる。

エピソードII　国体論の誕生――水戸から長州へ

1　藤田三代の功罪

黄門様のお屋敷に

安政二年（一八五五）一〇月、関東地方の大地が大きく揺れた。死者数千人規模の大震災であった。人の命はどれも等しい（と、近代民主主義社会は法律的・道徳的に宣言する）。裏長屋で壁の下敷きになって絶命した者も、火災の煙で窒息死した者も、そのかけがえのない命を喪った点では惜しんでも惜しみきれない。そうではあるけれども、母親を助けるためにわざわざ危ない建物の中に戻り、崩れた梁の下で圧死したある人物の場合は、日本の歴史を変えてしまった「特別に惜しまれる死」であった。

その人物の名を藤田彪(たけき)という。通称は東湖。

今や、自称「球界の盟主」のホームグラウンドがある「ビッグエッグ」に隣接して、後楽園という名の庭園がある。というか、そもそも、（この球団のファンの何割がご存じなのかも心許ないが）この庭園にちなんでこの一帯を後楽園と呼ぶのだし、ビッグエッグこと東京

『大日本史』の一部（徳川光圀自筆）

ドームにしろ、そばにそびえる高層ホテルにせよ、近頃話題の都心の温泉にせよ、すべて一五〇年前はこのお庭に縁ある大名屋敷の敷地内だった。

ここは、マンネリということでは「球界の盟主」と同様の、これまたテレビでおなじみの水戸黄門様のお住まいだったのである。

水戸徳川家は、御三家のうちでも尾張・紀伊より格が下で、他の二家の藩主は大納言であるのに対し、中納言であった。中納言はかつての律令官制におけるその職務──厳密には中納言は「令外の官」だから律令に出てこないのだが──の中国における相当職が門下侍郎で、それをかの地では「黄門」と呼んでいたものだから、「水戸の中納言殿」は「水戸黄門」と呼ばれるようになった。したがって、歴代水戸藩主で中納言に任官した者は全員「水戸黄門」なのであり、これも別のテレビ番組でやっていたが「江戸時代を通じて水戸黄門は七人いた」。

とはいえふつう水戸黄門といえば第二代藩主徳川光圀のことで、彼が江戸小石川の上屋敷に造らせた庭園は、彼がパトロンを務めた亡命学者朱舜水の命名により「後楽園」と名づけられたのである。

美談ではすまない

その後楽園の東京ドーム寄りの一角に、藤田東湖の殉難碑がある。藩主斉昭（この人も「黄門」だった）の側近として屋敷内の官舎住まいだった東湖は、地震の時に辛うじて庭に逃げ出すことができた。ところが、年老いた母親は逃げ遅れてまだ畳の上にいる。老朽化した建物——後述する『大日本史』編纂事業で財政的に補修もままならなかったのだとすれば、余計にやるせない——はすでに危険な状態になっていた。東湖は敢然ととって返し、母親の体を庭に向かって投げ出すことに成功する。しかし……。

藤田東湖殉難碑

藤田東湖

崩れてきた梁に体をはさまれ、彼本人は絶命する。今ならさしずめこう報じられるであろうか。「母親を助け出そうとした彪さんは、内臓破裂によりまもなく死亡しました」

もちろん、これは美談である。茶化してはいけない。彼は母親を救ったのだ。

しかし、この圧死によって、水戸藩は迷走し、攘夷運動の嵐が湧き起こると、動乱の渦のなかに沈んでいった。明治の「御一新」に至る過程で、何百何千という尊い命が犠牲になった。もし東湖が生きていればそうならなかったとしたら……。彼は母親一人のために多くの同朋を殺してしまったのかもしれない。

「学文」で出世した家

この地震が起こる前々年、嘉永六年（一八五三）は、歴史の苦手な読者でも記憶のある年号であろう。「黒船来航」の年である。幕府は一年間の猶予をペリーからもらい、善後策を練った。従来から異国船打ち払い論の急先鋒で、そのために西洋式の軍備増強も進めていた徳川斉昭は、こうした政治情勢のなか、発言力をにわかに増していく。そのブレーンが東湖だった。

実は東湖は異国船とは縁がある。まだ青年時代に、彼は藩内大津浜に上陸したイギリス船の乗組員に対するテロを計画したことがあるのだ。だが現場に到着した時には、彼らはすでにいなくなっていたため未遂に終わった。とはいえ、実行していたら極刑によるお仕置きが待っていただろうから、安政地震で母親に孝を尽くすことはできずに死んでいたに違いない。もっとも、このテロ決行を勧め、「生きて戻るな」と訓戒したのが実の父親なのだから、なんとも言いようがない。藤田幽谷。やはり水戸藩の政治顧問を務めた儒者である。

藤田家はもともとそれほどの家柄ではない。広島の頼家などと同様、儒学の研鑽によって家格にかかわらず抜擢登用された類である。そのため、藩士の中でも対立派からは「あの古着屋あがりめが」と陰口を叩かれていたそうだ。そう証言するのは、母親の実家がやはり水戸学の担い手だった社会主義者・山川菊栄である。彼女の母の実家は、藤田親子の同僚として活躍した青山という一族であった。菊栄の曽祖父延于は幽谷と、祖父延寿は東湖と、それぞれ同世代である。延于の『皇朝史略』という史書は文政九年（一八二六）に刊行されるや評判となり、歴史書ジャンルでは頼山陽『日本外史』と並ぶ幕末のベストセラーであった。

江戸時代というと閉塞的な身分制社会で、家老の息子はバカでも家老、足軽の息子は天才でも足軽、と思われがちだが、これは明治時代になって、「いかに御一新から世の中が良くなったか」を喧伝するための悪意に満ちた誹謗中傷に過ぎない。特に寛政の改革以降は、「学文」の有無が登用の条件として浮上し、家柄が悪くても有能であれば抜擢された事例は数え切れないほどある。また、だからこそ、「学文」が流行したのでもあろう。明治以降の立身出世主義、「末は博士か大臣か」は、明治の元勲たちが急拵えで創り出したものではなく、その前史があるのである。第一、そうでなければ明治時代になって、すぐにあれだけ急速に庶民レベルにまでこの心性が浸透するはずがない。頼家も青山家も、そして藤田家も、「学文」によって上昇を遂げた一族だった。大坂の大塩家も「乱」さえ起こさねばそうなっていただろう。

藩をあげて観念的攘夷論へ

閑話休題。藤田親子は頼親子のような確執もなく、至極仲が良かったようだ。東湖は父の後継者として、水戸学嫡流の担い手となる。折から生じた藩主相続問題で斉昭擁立のために奔走し、そのため覚えめでたく、寵臣となる。黒船問題についても、水戸藩の見解を作成するにあたっては、誰よりも東湖の意見が大きく作用していた。

斉昭という人物、今でも一部では名君として讃えられているけれども、その実像はいかがなものであろうか。渋沢栄一といえば、日本の近代産業の礎を築いた人物として記憶されているが、もとは武蔵国深谷（埼玉県）の豪農で、水戸学にかぶれ、やがて縁あって一橋慶喜（斉昭の子）に仕え、終生彼への敬意を失わなかった。『徳川慶喜公伝』はその浩瀚精密な伝記として知られる。その水戸学ファンの渋沢にして、斉昭については頑迷固陋というイメージを持っていた。斉昭の水戸藩改革は、股肱の臣・藤田東湖あってのものだったのかもしれない。

結局、東湖の死によって、水戸藩は観念的攘夷論に向かって暴走する。安政五年（一八五八）の日米修好通商条約締結に対して、斉昭は断固反対の立場を表明し、開国派の幕閣と対立する。大老井伊直弼による安政の大獄が、彼をその主要な標的としたことはよく知られている通り。その鬱屈と憤懣は、安政七年（一八六〇）三月三日、桜田門外での大老暗殺事件につながっていく。テロリストたち一八名中、薩摩藩士一名を除いて全員が水戸藩士であった。その年八月、斉昭も世を去る。

英主・慶喜に期待して大失敗

その後、水戸藩内部には分裂が生じ、「諸生党」と呼ばれる穏健派と「天狗党」と呼ばれる過激派が対立を深める。東湖の遺児・小四郎は天狗党幹部となったが藩内での闘争に敗れ、元治元年（一八六四）甲子の年、筑波山に兵を集めた。水戸で藩政の実権を握る諸生党との内戦の危機。そこで、江戸にいた藩主・慶篤（斉昭の子）は、親戚で支藩の常陸宍戸藩主・松平頼徳を水戸に派遣し、事態の収拾にあたらせる。ところが、彼は彼の水戸入城を拒む諸生党と一戦まじえてしまったため、幕府が内戦に介入する口実を与え――それが諸生党の戦術だったようだ――、帰順・出頭したところで切腹させられる。

頼徳に連座して、その父の頼位が謹慎処分になったほか、妹の高子（高姫）も座敷牢に六年間も押し込められたという。のちに高子は幕臣永井家の後妻にはいり、夏子という娘をもうける。夏子は平岡家に嫁し、この騒動から六〇年たった大正一四年（一九二五）に、初孫として公威という男の子を得ることになる。この平岡公威君には、本書エピソードⅥでふたたびお出ましを願おう。

さて、一方、天狗党のうち、藤田小四郎や武田耕雲斎の筑波挙兵組は、「我らが英主」と仰ぐ慶喜に助けを求めて上洛する途中、そのさしがねにより越前で捕らえられ処刑された。なにやら、「陛下のために」挙兵しながら大御心にかなわず、逮捕・銃殺された二・二六事件の青年将校たちを思わせる。いつの時代も志士の決起はこうした悲運と隣り合わせであった。こうして、幽谷以来、三代にわたって水戸学の中核をなした藤田家の伝統は途絶える。対立派から「天狗党の乱」と呼ばれるこの騒動は、単に「子年のおさわぎ」とも称された。

た。慶喜は天狗党の暴走を戒めることもしなかったし、手を差し伸べて救おうともしなかった。その煮えきらない態度は、彼が将軍職を嗣いだあと、王政復古に際してのものとも共通する。いや、それどころではない。前記山川菊栄の証言（正確には彼女の母親の思い出話）によれば、戊辰戦争敗戦により水戸で謹慎中の慶喜は、まさに彼の処遇をめぐって藩論が二分し、天狗党と諸生党の間で殺し合いの嵐が市中を吹きすさんでいるさなかで、「吾関せず」の態度を持していたという。渋沢栄一は、父親斉昭とは違って慶喜を英明の質を持った人物として描いたが、端からわたしが見る限り、この親子はどっちもどっちである。

かくして、水戸藩は、幕末の尊王攘夷運動の震源地となりながらも、その果実を薩長土肥（さっちょうどひ）といった西南雄藩にかすめ取られてしまうのであった。

2　『大日本史』の編集方針

土地を越えて広がる思想

さて、ではそもそも「水戸学」とはいかなる学派だったのだろうか？

これはかなりの難問である。これから述べるように、そもそもどこまでを水戸学と呼ぶべきかが、必ずしも明確ではない。「水戸」学というこの呼称ゆえに、水戸という地域限定が暗黙のうちに課せられ、水戸以外の土地には水戸学が広がらなかったかのようなイメージさえ持たれている。しかし、本来、思想学派というものは、空間的限定を離れて展開していくものであり、たとえそれがその地特有の性質を持つようになって「本家」からは離れてしまっていても、「日本陽明学」のように、あくまで分類としては「本家」の看板をひきずるものである。いや、陽明学ばかりではない。「(インドに対する)東アジア仏教」「(東方に対する)西方キリスト教」、いずれもその宗教が生まれた土地の「本来の」教義とは異質な要素を抱え込んでいても、それはあくまで仏教・キリスト教と呼ばれている。

もし、この伝で水戸学を広く定義するならば、わたしは前章の頼山陽にせよ、あとで紹介する吉田松陰にせよ、「水戸学者」として構わないと思う。

だが、その話は後回しにしよう。今はごく常識的に「水戸学」の名をもって呼ばれるものに限って話をしていきたい。

世紀の大事業、立ち消え寸前

水戸学の開祖というべき人物は、すでに紹介した「黄門様」徳川光圀である。彼が主宰して始まった『大日本史』の編纂こそが、水戸学を生み、これを育んできた。一説に藩財政の三分の一を費やしたともいわれ、それがために水戸には梅干と納豆しか残されなかったとも囁かれるこの世紀の大事業は、光圀がこの事業のために全国から召し抱えてきた多くの学者たちによって、江戸と水戸の二ヵ所に分かれて分担編集されていく。その中心には、水戸黄門漫遊記でおなじみの助さん格さんのモデルとなった実在の人物、佐々宗淳（さっさそうじゅん）と安積覚（あさかかく）がいた。

徳川光圀

だが、『大日本史』が完成したのは、プロローグでも述べたとおり、明治三九年（一九〇六）。どうしてそんなに時間がかかったのか。

「中だるみ」が原因である。どんなプロジェクトでもそうだが、それを積極的に推進しようとする中心人物、すぐれたリーダーがいないと前には進まない。普通はいつのまにか立ち消えになって、未完のまま放り出されるのがオチである。そして、『大日本史』も危ういところだった。

光圀は『大日本史』の早期完成を厳命して瞑目した。その嗣子・綱条は養子ゆえの親孝行でなんとかこの事業を継続させようと努力していたが、その子、その孫の代ともなると、先祖の遺訓の効力は次第に失せていく。編纂事業は遅々として進まず、尻すぼみに陥る。

兄の血筋に返した「家」

ここでやや余談になるが、『大日本史』編纂の動機としてしばしば語られる光圀襲封の経緯、父である初代藩主頼房によって、病弱な兄頼重を差し置いて自分が選ばれてしまったことへの後ろめたさという話をしよう。

光圀はやがて司馬遷のかの有名な『史記』を読み、その伯夷列伝に感動する。なぜか。伯夷と叔斉の兄弟は、父の跡継ぎになることを譲り合ってともに国を出奔し、終生仲良く浪人暮らしをしたからである（なお、その国は「漁夫の利」を得て真ん中の兄弟が相続したという。あ、「漁夫の利」というのは争いあう当事者でない第三者という意味だから、この美談には適切ではないか。失礼）。青年・光圀は、自分もこうした感動的な先人の記録を後世に残すべく、日本の歴史に題材をとって、それをきちんとした漢文（現在の文脈に直せば国際共通語すなわち「英語」）で書かれた歴史書として作ることにしたのである、と。

事柄はそう単純ではなかろうが、そうした負い目から、彼は水戸藩を自分の実子にではなく、兄の子・綱条に嗣がせたのであった。テレビドラマで遠慮がちに「綱条どの」と敬称を付けて呼んでいるのも、そうしたわけである。

では彼の実の息子はどこへ行ったのか？　こちらは兄の養子として、讃岐高松藩を嗣いだのだ。高松藩は一二万石、水戸藩二四万石のちょうど半分、しかも徳川姓を許されず「松平」である。光圀はこの格下の藩に自分の子を追いやって、本家は兄の血筋にお返しした。さすが、黄門様である。

いいとこ取り

しかしながら、なのだ。四国讃岐は瀬戸内の要地、海産物や農産物の宝庫、そして何より塩田を持っている。一二万石はいわゆる「表高」というやつで、経済実勢はこれに数倍する豊かな土地だった。御三家のような格式を持たないかわりに、格式ゆえの無用の出費も課せられない。これに対して、水戸のある常陸の国は、関東地方のなかでは最も寒冷の地、天気予報でお気づきかもしれないが、今でも房総や湘南と比べるとまるで別の地方である。二四万石という表高も、その年の気候次第で不安定な収穫しか保証してくれない。幕末には実高五万石とさえ言われていた。おまけに、『大日本史』編纂という世紀の大事業で、藩財政は恒久的に逼迫する定めであった。

「綱条どの、わしはそなたにきちんと水戸藩をお返ししたのじゃから、『大日本史』はきちんと完成させてくださいよ。はっ、はっ、はっ！」

黄色のちゃんちゃんこを着て白いあごひげを伸ばした、人の良さそうなおじいさん——ちょうど今、偶然にも目の前のテレビで東野英治郎時代の再放送が画面に映っていて、ぎょっとした——は、案外深謀遠慮の働く腹黒い奴だったのかもしれない。普通「名を捨てて実を取る」というのはあるが、彼の場合は「名」（実子を支藩に出して、水戸を本家筋に返した）も取ったうえに「実」（彼のＤＮＡを受け継ぐ子孫たちは、気候温暖・産物豊富な土地で裕福に暮らした）を得ているのだから。こういうのを「いいとこ取り」というのだろう。

いやいや、そうではあるまい。彼に深謀遠慮があったわけではなかろう。むしろそれを悪意無しに、善意でやっているところが実に怖い。彼は兄の子孫に対していいことをしたと、心の底から思っていたはずだ。周囲に迷惑をかけるのは、往々にしてこのての善人である。

話が脱線した。だが、水戸学の本質は、案外こんなところにあるのかもしれない。黄門様の遺訓によって「名を得て実を失った」水戸藩は、この厄介な世紀の大事業を、いやでいやでたまらない状況のなかでも引き継いでいかざるをえなくなっていく。

「尻すぼみ」は当然の現象だった。ここで英断を下す藩主が出て、「このばかばかしい事業は打ち切る」と宣言すればよかったのだ。健全な精神が働けば、そうなるべきだった。しかし、事態は逆に動く。「尻すぼみ」は「尻すぼみ」でなく、「中だるみ」として顧みられることになる。

そこで活躍する中心人物が立原翠軒。藤田幽谷や青山延于の師にして上司である。彼らはふたたび『大日本史』編纂に意欲を持つようになった藩主を擁して、事業の本格的再開にこぎつける。折から寛政の改革の時代、つまりは松平定信政権による「学文」奨励策の時期にあたっている。両者のシンクロナイズが単なる偶然でないことは言うまでもない。

日本最初の女帝は誰か

『大日本史』には「三大特筆」なるものがある。これは光圀が定めた編集の大方針で、当時一般に流布していた歴史認識を改めさせるための「新しい歴史教科書」作りの指針というべきものだった。

一つは、神功皇后を皇后とすること。何を言ってるんだとお思いだろうが、それまで『日本書紀』以来、オキナガタラシヒメこと神功皇后は単なる皇后ではなく、仲哀天皇急逝後、わが子応神天皇が成人するまでの中継ぎとして、天皇の位に即いていたとする理解が一般的であった。光圀はこれを斥ける。

そこにはおそらく、唐における則天武后の扱いが絡んでいる。『日本書紀』が編纂された八世紀初頭は、まさに彼女が中国史上空前絶後の「女帝」として君臨していた時期で、凡庸な夫の死後、息子に代わって帝国に君臨する彼女の姿は、「倭国」の史官たちにはことにまぶしく見えていたろう。神功皇后の記述が、それ以前から伝わる伝承をもとに整形され、「女帝」としてまとめられていったのは不思議ではない。

ところが、則天武后への態度は「本家」中国で豹変する。唐王朝が続くうちは、曲がりなりにも彼女のDNAを体内に持つ皇帝たちが君主であったから、事荒立てて臣下がとやかく言うのははばかられていたが、宋王朝ともなると言いたい放題の状況となる。宋代に編まれた『新唐書』は、唐代の記録を編集しただけの『旧唐書』を書き直す、まさに「新しい歴史教科書」として作られた書物だが、そこでは彼女のことが徹底的に批判される。そして、朱子学に結実する儒教の新しい流派の淵源の一つが、この『新唐書』であった。いわゆる「大義名分論」が、歴史的事件に即して展開される。

光圀の史書編纂は、この朱子学の大義名分論を日本の歴史で検証・顕彰するためになされた。三大特筆とはその最も象徴的事例である。神功皇后はあくまで皇后であって天皇ではないとされた。かくして、「史上最初の女帝」の座は、彼女から推古天皇へと明け渡される。

これは、「もし仮に」の話だが、「神功皇后は皇后だ」を敷衍すれば、「推古も皇極（＝斉明）も持統もみな皇后だ」と言えたはずである。だが、水戸学には推古を天皇にしておきたい別のより重要な理由があった。もし推古を単に敏達天皇の皇后とした場合、皇太子にして摂政であったはずの厩戸皇子すなわち聖徳太子の即位を認めねばならなくなるからだ。神功皇后と応神天皇との関係のように。

聖徳太子といえば、日本に仏教を広めた功労者。歴代の仏教者が偶像視してきた人物である。天皇だったことにしてもおかしくない。親鸞も、六角堂での太子の夢のお告げで浄土信仰にめざめたことになっている。だがしかし、朱子学のなかの過激派たる水戸学は、断固仏教を排斥する。『大日本史』は、それまでの太子信仰に比べてきわめて冷淡な態度で彼を扱っていく。厩戸皇子は推古女帝の臣下にすぎない、のだ。水戸学の仏教ぎらいの話は、またのちほど。

「大友天皇」と父系相続

さて、三大特筆の二番目は、大友皇子の即位を認めたこと。明治になって「弘文天皇」と追号される人物である。かの有名な壬申の乱について、それまでは「天智天皇の正当な後継者・大海人皇子（＝天武天皇）をさしおいて、天智の息子の大友が、大津京で勝手に天皇を称したにすぎない」とされてきた。だが、さすが大義名分論、皇位は父親から息子に継承されるべきもの、弟である大海人こそが簒奪者だったのだという論理である。天罰覿面、天武天皇と持統天皇（彼女は天智の娘、つまり天武の姪である！）の夫婦の血統からはひ弱な皇子しか生まれない。辛うじて成人したのが聖武天皇だが、彼の皇子たちも夭折し、やむなく皇女が即位する。孝謙天皇（女帝）であるが、かくてこの皇統は断絶する（そこに怪僧弓削道鏡との艶聞が絡むが）。そのあとの光仁天皇・桓武天皇父子により始まる系譜は、天智系の復活であった（最初、光仁は聖武の皇女井上内親王との子を後継者に予定していたが、百済系の血を引く桓武が奪権したのである）。『大日本史』は「大友天皇」の存在を強調することによって、「おおきみは神にしませば」と天武を神格化してきた旧来の歴史観と断絶し、新たに天皇家相続の父系性を重視する大義名分論を打ち立てたとも言えよう。

『太平記』読んで南朝正統史観

そして、三大特筆の三番目が「南北朝正閏問題」である。

南北朝時代の原因は皇室内部の分裂だが、その一方の当事者であった大覚寺統の後醍醐天皇により鎌倉幕府に代わる体制が敷かれると、当初これに帰順していた足利尊氏が造反し、対抗する持明院統の天皇を擁立して室町幕府を創建した。

吉野に逃げた南朝と京にいすわる北朝。その後、尊氏の孫の義満は「南北朝合一」の美名のもとに南朝を併合し、北朝のDNAを持つ者を天皇として現在に至る。言い換えれば、江戸幕府にもつながる武家政権は北朝系こそを正統としてきたのである。

ところが、光圀は大義名分論から南朝を正統とした。これに関しては、光圀自身は必ずしもそうした見解でなかったとする研究もあるが、彼が南朝の忠臣・楠木正成に心酔していたことなどから判断して、南朝方に共感していたことは間違いなかろう。

そうした心性を江戸時代の武士たちの間に広めたのは、南朝に好意的な軍記物語『太平記』である。当時、「太平記読み」と呼ばれる専門家たちが活躍し、南朝正統史観の歴史認識を浸透させる効果をもたらしていた。光圀はそうした風潮に影響されながら、それを大規模な史書編纂という形で後世に残したことになる。

国体論へ

光圀死後は、これら「三大特筆」を中核にすえたとはいえ、『大日本史』の編纂はほそぼそと続けられていたにすぎなかった。それを再興していく動きは、前述のように一八世紀後半、天明・寛政年間に生じる。やがてほぼ完成した本紀・列伝の部分は抄写されて水戸藩の外でも読まれるようになる。それを頼春水が取り寄せ、息子の山陽が読んで感動し、『日本外史』『日本政記』に結実することは前章で述べたとおりである。その『日本外史』に松平定信が序文を寄せたことは、彼らが思想的にもつながっていたことを示している。山陽は水戸学の宣伝マンとして活躍したわけで、彼を水戸学の範疇に入れてもかまわないと思うがどうであろうか。

もっとも、専門家の間では、光圀時代の「前期水戸学」と、藤田父子三代や会沢安（あいざわやすし）（正志斎（せいしさい））に代表される「後期水戸学」とを区別し、後者こそ真正な意味での「水戸学」と呼ぶべきだとする見解もある。

たしかに、「水府学」とか「天保学」という名称で水戸学を学派として呼ぶ他称の成立は、この「天保」という年号を見てもわかるように、東湖らが活躍するようになってからのことであった。彼らの国体論・攘夷論が、一般の常識人の目には、きわめて奇異な党派性を帯びたものと映じたのである。そこでは『大日本史』は二次的な意味しか持たなくなっていた。むしろ、現実の政治問題、「国体」をどうするかが熱く論じられていた。会沢の主著とされる『新論』は、国体論を本格的に扱った最初の作品と評されている。

反仏教と伝統の創出

「国体」――本書において今後も何度か登場するこのキーワードは、語源的には二〇〇〇年前の中国に遡る。前述した『新唐書』編者である欧陽脩の文章などにも、この語は散見する。ただ、そこではきわめて一般的な意味で「国家の体制」という程度の内容しか持っていなかった。これが特殊具体的な意味内容、すなわち「万世一系の天皇をいただく、王朝交替（＝革命）の存在しない国柄」という術語として使用されるようになるのは、三大特筆を奉じる水戸学においてであった。特に後期水戸学ともなると、『新論』に見られるように、儒教の本家中国に比べてもひけを取らない優れた国として、日本の国体が自慢されている。

こうした動きは、当時興隆しつつあった国学とも連動していた。

江戸時代の儒教史は、仏教との訣別から始まる。それまで、日本で朱子学を講じてきたのは、五山を中心とする臨済宗寺院の僧侶たちであった。林羅山や山崎闇斎は、五山から分離独立することで朱子学の本格的受容を志した。その際、彼らが共同戦線を張るために近づいたのが、神道である。というか、神道が彼ら自身によって儒教的（朱子学的）に理論化された。「神儒一致」。このスローガンのもと、「日本古来の伝統（会沢正志斎が「国体」と呼ぶことになるもの）はもともと儒教的であった」とする言説が形成される。

江戸時代、日本は仏教国だった。寺檀制度によって全国民の葬送儀礼が仏教のいずれかの宗派によるようにと強制されていたからである。ところが、水戸藩は例外だった。ここでは仏教がむしろ弾圧され、儒教と神道の混合形式が用いられた。そうしたあり方にこそ古来の日本の伝統が宿っており、厩戸皇子が異教を広めさせる以前のすぐれた作法だというわけである。

こうした言説は、はじめから日本にあったものが孔孟の教えに一致すると説くわけだが、その実、歴史的には、彼らによって「はじめから日本にあったもの」が想像・創造されたにすぎない。原初的にはこうした姿であったとして「神道」が改造されていく。その流れに国学が合流する。

国学の伸長

もともとは歌道のなかで誕生した国学が、その様相を政治的なものに変質させていくのも、やはり天明・寛政期である。大立者は本居宣長。彼は朱子学や徂徠学にも通暁していた。そうした彼だからこそ、あえて儒教を排除して純日本風の「やまとごころ」「もののあはれ」を顕彰する思想体系を樹立しえたのである。そもそも、宣長自身の説に従うならば、そうしたことごとしい物言いをすること自体、日本古来の伝統に反するわけで、彼こそ当時最大の「からごころ」的なデマゴーグであった。

彼による『古事記』顕彰運動は、成立以来それまで一〇〇〇年以上にわたって常識であった、「『日本書紀』こそが正史で、『古事記』は一段格下」という評価を覆すためのものであった。ちょうど彼の師匠・賀茂真淵が「『古今集』よりも『万葉集』のほうが優れている」と述べたのと並行する現象である。

これはもう一つの次元において、国学の儒教からの分離独立を示していた。和歌集『万葉集』を漢詩集『懐風藻』よりも、平安時代の漢詩文よりも仮名の和歌や物語を尊重したことである。『大日本史』は漢文で書かれているし、『新論』など水戸学者の著作の多くも漢文である。頼山陽も漢文により詩文や史書を書き、その訓読＝読み下しによる朗誦が読者層の心を捉えた。そうした「からごころ」の流行に対して、国学は純和風という創られた伝統を対置する。彼らは水戸学などの儒教から養分を得つつも、それと別様の「国体」論を提示していく。宣長の弟子を自称する平田篤胤（彼は宣長の生前に入門したわけではない）の流派、いわゆる平田国学ともなると、政治性が一層強まってくる。尊王攘夷の風潮が彼らを後押しする。宣長同様「やまとごころ」を重視する吉田松陰の登場は、こうした前史を経てのものであった。

3　自己陶酔する吉田松陰

大塩同様に「陽明学者」になる

吉田松陰は陽明学者だったことになっている。だが、大塩中斎同様、彼は自分でそう名乗っていたわけではない。

この評価は明治時代になってからのもので、あとの章で述べるように、「体制派＝朱子学、反体制改革派＝陽明学」という公式の当てはめにすぎない。師にあたる佐久間象山がかの佐藤一斎（前章で紹介した「陽朱陰王」と評される人物）に学んだことがあるという「系譜」や、獄中で陽明学左派の李贄（卓吾）の著作を読んで心酔したことが、彼の陽明学者たる由縁として挙げられたりするが、どちらも決定的なものではない。

吉田松陰

なぜなら、一斎はあくまで朱子学者として門人を教育していた。象山も、朱子学を学習しその思考法を修得してはいるが、別段陽明学的言動を残してはいない。松陰が李贄と出会ったのは彼が思想的に自己を確立したあとのことであって、それによって彼が今日知られる吉田松陰になったわけでもない。李贄の一件などは、大塩中斎の場合と同様、はじめから陽明学的心性を持っていたがゆえに李贄に共感した、と解釈するほうが自然だろう。

つまり、松陰は誰かから教わって陽明学者になったわけではなく、朱子学的環境で学びながらもそれに違和感を覚えて「陽明学的」になり、やがて本家陽明学の教説に出会ったまでのことである。

行動主義

学統的なことで言えば、彼は象山の弟子としては朱子学者・洋学者・軍学者であったほかに、家学としては江戸時代初期の「古学派」山鹿素行の系譜に属していた。

彼はもともと長州藩士・杉（すぎ）家の次男で、六歳のときに吉田家に養子に出されたのである。吉田家は代々山鹿流の兵学指南であった。したがって、この養子縁組みは彼に山鹿流兵学を修得することを強制するものであった。彼はよくその期待に応え、若くして藩主にも兵学・儒学を講じている。

当時アヘン戦争の風聞はすでに日本にも達し、沿岸には異国船が出没するようになっていた。彼は海防調査の特命を受けて、洋学の面でも名高い佐久間象山に入門する。ただ、ここからが彼の「陽明学的」資質のゆえか、単に書斎での学問にあきたらず、国防のための研究を究めるため藩に無断で水戸に旅し、さらには足を奥州方面に伸ばして、脱藩容疑で身分を剥奪される。

水戸で彼は会沢正志斎に会っている（本当は藤田東湖に会いたかったのだが、東湖は蟄居中の身で会うのを断ってきたのだ）。『新論』の著者と直接話をしたこの経験は、彼に大きな影響を与えた。尊王攘夷派論客としての吉田松陰の誕生である。当時の水戸学はまだ極端な観念論に陥ってはいなかった。松陰を感動させたのも、実際の軍備増強策に裏付けられた国体護持の立場だった。

ペリーがやってくると、敵情視察のための密航を企て、その軍艦への乗船を試みる。これが失敗に終わると、故郷の獄（野山獄）に幽閉の身となる。獄中で教育活動に目覚め、やがて身柄を実家の杉家に預けられると親戚知友を集めて連続講義を催し、さらに自由度を増して松下村塾での授業も許可されるようになると、藩内の有能な若者たちを指導した。

志士たちに流れ込む水戸学

そこに連なる門人たちの顔ぶれたるや、実に錚々たるものである。高杉晋作、久坂玄瑞、桂小五郎（木戸孝允）、伊藤博文、山県有朋、そして乃木希典。幕末の志士、明治の元勲のそろい踏みである。

それは長州藩が倒幕運動の急先鋒となり、これに成功して明治藩閥政府の中核を担ったからであるが、そうなったのも松陰による教育の成果あればこそであった。水戸同様、長州藩でも内紛があったが、高杉晋作率いる奇兵隊の勝利で急進派が奪権に成功し、水戸藩とは違って藩全体で一気に倒幕運動に邁進することができたのである。その意味でも、水戸学の流れは松陰を通じて長州藩に伝わったと言えよう。

松陰の国体論は、会沢正志斎のものなどと比べていっそう純粋に天皇中心主義となっている。後期水戸学や松平定信がめざした「この国のかたち」とは、万世一系の天皇を上に奉じつつ、武家が実際の政権を握ってそれを補佐するという「大政委任論」だった。もともと徳川家康は考えもしなかったろうこの論理によって、水戸の御曹司出身の最後の将軍・慶喜による「大政奉還」は可能になる。委ねられたものだからこそ、お返しできるのである。ただし、返上したあとも天皇は象徴的権威として「良きに計らえ」としか言わないので、実際の政治は慶喜を中心とする政府が担うもくろみだった。

富裕な非エリートの作る「国体」

しかし、松陰がいだく国体の理想は天皇親政である。神武創業の昔、あるいは挫折した後醍醐天皇の建武の「中興」が理想化される。武士とは、こうした天皇親政を支えるための国家の番犬にすぎないというのが、松陰の見解だった。そしてそれは、単に水戸学の影響で彼が発展させた思想ではなく、国学の背景を持つ神道側の理論にも由来していた。アヘン戦争の不様な敗北を受けて、中国を理想国家とみなす儒者の言説は説得力を失いつつあったのかもしれない。松陰において国体論は神国論と結合する。すなわち、「日本は他に比類無きすぐれた選ばれた国だ」という自己陶酔である。

彼はその担い手として、上流階級ではなく身分的に下の者、下級武士や豪農層に期待した。いわゆる「草莽崛起」論である。神国思想はこうした階層をも巻き込んでいく。というより、そうした階層が「学文」することによって目覚め、自分たちも国体を支える役割を果たすことを望むようになっていた。とりわけ、長州や薩摩のように経済的に豊かで、中流身分の者たちに政治に目を向けるゆとりがあったところで、そうした担い手が育っていたということだろう。水戸藩は貧しく、それゆえに本場の水戸学は最後まで選良主義を抜けきれなかった。

木戸孝允にしろ伊藤博文にしろ、そうした意味でまさしく松陰思想の申し子だった。彼らは実力で藩政を牛耳り、日本全体の旧体制転覆を企てるにいたる。松下村塾が明治時代を生み出したとされるのも、もっともである。

だが、松陰はそうした日を見る前に「殉教」した。安政の大獄において、江戸に移送され、刑場の露と消えたからである。安政六年（一八五九）一〇月のことであった。松陰の有名な歌。

かくすれば　かくなるものと　知りながら　已むに已まれぬ　大和魂

安政の大獄を仕切った井伊直弼が桜田門外の変で暗殺されるのは、それから半年後のことである。井伊家代々の当主は、領地の彦根に墓所を持っている。だが、江戸で殉職した直弼の遺体は、井伊家歴代当主に嫁いだ夫人たちの菩提寺、江戸郊外の豪徳寺に埋められた。

それから一〇年、松陰門下生による新政府が江戸改め東京に作られる。彼らは小塚原(こづかはら)の刑場近くにあった松陰の墓を、もっとふさわしい場所に移転させることにした。国体に殉じた松陰は神として祭られることになり、そのための神社が建てられる。松陰神社。その場所は、なんと豪徳寺から歩いて二〇分ほどの世田谷(せたがや)の地に設けられ、今に至っている。今もなお、松陰人気で賑う神社界隈と比べて、豪徳寺のあたりは実に閑静である。

エピソードⅢ　御一新のあと――敗者たちの陽明学

1　陽明学を宮中に入れた男

耳ふさぎ逃げる徳川慶喜

慶応三年（一八六七）一〇月、徳川慶喜は大政を奉還した。だが、三条実美（さんじょうさねとみ）や岩倉具視（いわくらともみ）が牛耳る朝廷は武力による慶喜追討を決定し、翌年正月には鳥羽伏見（とばふしみ）の戦いで倒幕軍（西軍）と幕府軍（東軍）が全面衝突した。まさに雌雄を決する一戦であった。

明治維新肯定史観によって、軍備の近代化を達成していた薩長雄藩のほうが圧倒的に優勢で、勝負は最初から決まっていたかのように書かれることが多い。銃口の列に向かって日本刀で斬りかかる新撰組という図柄が、そのイメージを増幅している。しかし、幕府側もフランス式訓練によってそれなりの近代化は遂げており、勝機がないわけでは決してなかった。大坂城への退却も、全面撤退というよりは、ここで体制を立て直し、海軍の後援も得て巻き返しを図る、効果的な戦術であった。

ところが、である。御大将が戦わずして逃げ出したのだ。

河井継之助

慶喜は闇夜にまぎれて軍艦にて江戸へ逃亡、かくして上方にいた幕府軍は統制が取れなくなって自然壊滅し、江戸への撤退を余儀なくされる。慶喜はその後もひたすら恭順の姿勢を貫き、江戸も無血開城される。彼が、実家のある水戸に対してすら、その内戦に吾関セズの態度をとったことはすでに紹介した。尊王攘夷の震源地・水戸学直系の幕府希望の星は、かくして徳川三百年の幕引き役を見事に務めあげる。

河井継之助の意地

哀れなのは、彼を支えてそれまで倒幕派とやりあってきた親藩・譜代の連中である。会津藩は京都守護職を務め、また新撰組を抱えていたこともあって、長州藩から不倶戴天の敵とみなされていた。慶喜が水戸で謹慎しているあいだに、倒幕軍と会津を中心とする奥羽越列藩同盟との戦争が繰り広げられる。

越後長岡藩の執政・河井継之助は当初は中立的立場から両者の調停にあたろうと試みるが、薩長側の拒絶により交渉が決裂すると、一転して奥羽越列藩同盟の最前線にあって戦うことになる。劣勢のなか、数ヵ月の一進一退状況が続いたが、結果は長岡落城であった。彼自身は会津への逃亡途中で陣没する。その後、長岡復興にあたって教育を重視したのが、有名な小林虎三郎の「米百俵」の逸話である。

だが、いずれにしろ長岡の住民にとっては迷惑な話であった。江戸のように無血開城してくれれば何事もなかったろうに、なまじ西軍に立ち向かったために戦火をこうむったばかりか、明治初期には維新政府から冷遇され、「新潟県」の県庁は長岡ではなく「新潟市」に設置されることにもなった（同様の例は各地の佐幕派において見られる。滋賀県の彦根市〈井伊家の城下町〉、福島県の会津若松市〈会津松平家の城下町〉、山形県の米沢市〈上杉家の城下町〉など）。長岡の人々がいだいたこの怨念が、利権政治の怪物・田中角栄を生んだといったら飛躍しすぎだろうか。彼によって、長岡周辺には日本中どこにも負けないすばらしい道路が敷かれたのである。

三島中洲漢訳『三体教育勅語帖』

三島中洲の敗戦処理

普通、調停が不調に終わったら、黙って形勢有利な側に付くのではなかろうか。それが政治というものである。その点で、河井継之助は完全に為政者失格であった。負けることがわかっていながら、彼があえて藩とその住民、およびその子孫たちの運命まで巻き添えにして会津に加担したのは、武士の意地、「やむにやまれぬ大和魂」ゆえであった。大塩中斎や吉田松陰によく似たこの心性は、彼が山田方谷門下の陽明学者であったからといえば納得してもらえるだろうか。

明治二三年（一八九〇）、教育勅語が発布された年に、長岡に河井を悼む碑文が建立される。その末尾はこう結ばれているという（「故長岡藩総督河井君碑」、原漢文）。

儒を学び戦を善くすること、文成にこれ似たり。時なるかな不幸にしてこの乱離に遭ふ。唯だ民を護るのみ、何ぞ躬の危うきを避けん。唯だ賊を防ぐのみ、何ぞ王威を犯さん。磊磊たる心事、天知り地知る。

「文成」は王陽明の諡。「民を護る」ためなら開戦すべきでなかったし、「賊」というのは西軍のことなのだから立派に「王師を犯す（＝官軍に歯向かう）」行為なのだが、そうした論理矛盾を超越して、この碑文は河井の功績を讃えている。撰者は三島毅（号は中洲）。やはり方谷門下の陽明学者として知られる人物で、生まれたのは天保元年（一八三〇）。吉田松陰と同い年である。

中洲は今の岡山県倉敷の天領の庄屋出身で、備中松山藩（現在の高梁市）に仕えた。その藩主が幕府最後の筆頭老中・板倉勝静であった。

勝静は、やはり老中首座として寛政の改革を推進した白河藩主・松平定信の孫で、板倉家に養子にはいっていたのであった。大政委任論を唱えて幕府権力の儒教的正当性を主張した定信の孫が、その論理の結末として大政奉還時に幕府の首脳であったのは、歴史の皮肉であろうか。しかも、彼がお仕えしたのは勤皇思想発祥の地、水戸家出身の慶喜だった。鳥羽伏見の戦いのあと、ひたすら恭順の姿勢を示す慶喜と袂を分かち、勝静は会津・箱館へと転戦したのち、自首・帰順している。

藩主不在の状態で備中松山を取り仕切ったのが、中洲だった。その後、知事（従来の藩主）の家令をしたりしていたが、明治五年（一八七二）になって中央政府から召し出され、司法官僚として出仕して大審院判事まで務めることになる。そして、明治一〇年（一八七七）にこれを退職し、漢学教育のための私塾を東京九段に設立する。今も続く二松学舎である。「東京大学」（「帝国大学」への改称はもっとあと）の設置と同じ年であった。

二松学舎の教え

二松学舎は中洲の信条に基づき、陽明学による教育を標榜した。彼の師である山田方谷も備中松山藩儒として陽明学を奉じたが、藩校での公的な教育は朱子学によって行い、優秀な弟子にのみ私的に陽明学を伝授した。凡庸な者が朱子学的素養もなしにいきなり陽明学を学ぶのは危険だと彼が判断したからだと言われている。方谷によれば、江戸昌平黌の佐藤一斎について評される「陽朱陰王」も、実はそれと同じことなのであった。

彼らの考え方によれば、朱子学と陽明学とを比較した場合に、すぐれているのは陽明学のほうであるけれども、それは真理の教えであるだけに初学者には近づきにくいもので、誤解を生じさせやすい。そこでまずは朱子学による穏当・着実な学習経験を経てのちはじめて、より高等な教説として陽明学に接するべきだということになる。ここでは、朱子学と陽明学とが人格修養の方途として横並びに捉えられており、両者が中国において誕生した歴史的経緯や社会的背景は一切顧慮されていない。わたしたちが日本における陽明学研究の展開をたどる場合には、まずこの点に注意しておく必要があろう。

中洲が東京に開いた二松学舎も、陽明学を校是としながら、狭義の陽明学――朱子学や考証学と相対立する流派としての意味で――の教材に限らず、東アジアにまたがる古今の儒教教説から広く学習教材を採用していた。中洲自身の主張するところによれば、彼の教説の中核にあるのは、陽明学の理気合一説を発展させた義利合一説であった。

二松学舎は一時期、福沢諭吉の慶應義塾、中村正直（敬宇）の同人社と鼎立するほど評判の私学として人気があったらしい。中江兆民、夏目漱石、犬養毅、牧野伸顕らがここで学んだ。女性運動家として名高い平塚らいてうも、講義を聴きに来ているという（このあたりの記述は、三島正明『最後の儒者――三島中洲』明徳出版社、一九九八年、による）。

大正天皇の座右の銘

中洲は東京大学教授（一八八一―八六）、帝国大学講師（一八九五―九六）を務めたのち、東宮侍講に就任する。大正天皇が即位してからは宮内省御用掛と職名を変更したものの、実質的には大正四年（一九一五）にいたる二〇年間、常に大正天皇のそばにあってその教育の任にあたった。彼が大正天皇に講じたのは、陽明学であった。

明治三三年（一九〇〇）のこと、当時まだ皇太子であった大正天皇は、王陽明の四句教（しくきょう）（四句訣・四言教ともいう）が気にいり、中洲に清書させて座右の銘とした。四句教とは、

無善無悪是心之体　　善も悪もないのが心の本来のすがただが
有善有悪是意之動　　善や悪が生じるのは意が動くから
知善知悪是良知　　善と悪とをわきまえるのは良知のはたらきで
為善去悪是格物　　善を選んで悪をしないのが格物ということだ

というもので、朱子学・陽明学で初学者入門の経典として尊重する『大学』に出てくる八つの条目の前半四つ、格物・致知・誠意・正心をふまえ、その意味連関を端的に表現したものである。

この「座右の銘」が大正天皇という人を考える場合に実際どこまで重要なのかは、慎重に検討を要する課題だろうが、少なくとも、明治天皇（元田永孚（もとだながざね））や昭和天皇（杉浦重剛（すぎうらじゅうごう））の場合とは異なる、三島中洲ならではの教育効果ではあったろう。実際の政治には一切たずさわらず、病弱で凡庸な暗君という表象すら流布している大正天皇だが、後述する昭和天皇と比べた場合に、帝国憲法が想定する君主としてはむしろ職務をまっとうした趣もあり、今後の再評価が待たれる。大正デモクラシーという時代風潮に惑わされて、その文脈から近代西

洋的な君主像を典型として大正天皇を評するだけの研究では、その実像は解明できまい。

ともかく、中洲がこの侍講職に晩年の心血を注いでいたことはたしかで、みずからを後醍醐天皇のときの北畠親房（きたばたけちかふさ）になぞらえ、「親房の功績は朱子学を宮中に紹介したこと、自分の功績は陽明学を宮中に入れたこと」と自画自賛している。戊辰戦争での敗者は、ここに見事に復活を遂げた。彼については、次章の陽明学会の記述のなかでもまた触れることになろう。

2　陽明学を普遍化させた男

三宅雪嶺と政教社

藩閥政府に対する憤懣は、佐幕派として疎外された譜代藩出身の武士たちのみならず、倒幕運動をともに戦ったにもかかわらずその果実としての権力を薩長に独占されてしまったと感じた人たちの間にも拡がった。表高でいえば薩摩を上回り、江戸時代最大であった加賀（かが）藩出身の三宅雪嶺（みやけせつれい）にも、そうした想いがあったのではなかろうか。

彼の父は藩家老付きの医師で、母は高名な蘭学者の妹。そうした血筋が作用したのか、漢学塾でも四書五経より化学書に興味をいだく少年だった。東京大学文学部卒業後は編輯所（へんしゅうじょ）（現在の史料編纂所の前身）に勤めて仏教史の研究に従事するが、しばらくして退職、以後は新聞言論人として生涯を貫き、官界や政界には野心を持たなかった。

明治二一年（一八八八）、志賀重昂や杉浦重剛（先述のように、のち昭和天皇の教育係）らとともに、『日本人』を創刊する。彼らのグループは政教社と呼ばれ、徳富蘇峰の民友社と双璧をなす、明治二〇年代を代表する民間ジャーナリズムの思想流派である。民友社の平民主義に対して、政教社は国粋主義を説いたところにその特徴がある。

政教社の特徴は次のようにまとめられる。長い引用をお許しいただきたい。

三宅雪嶺

> 政教社に結集した人々は、非藩閥系の小藩士族出身、世代的には一八六〇年前後の生まれ、そして幼少期に漢学を学びのち貢進生制度などによって明治政府に徴募され、新設の帝国大学等で西洋最新の専門的学問を学び、帝国大学・札幌農学校等の官立高等教育機関の最初又はごく初期の卒業生であるという共通性をもっていた。かれらはいわば明治政府の欧化政策の申し子とでも云うべき存在であった。しかし同時にかれらは白紙の状態で西洋の学問を受容したわけではない。幼少年期の共通の教養として漢学を身につけていた。この西洋最先端の学問と伝統的漢学との独特の組み合わせこそがかれらの共通の教養目録であった。（岡利郎「「文明批評家」三宅雪嶺」『山路愛山――史論家と政論家のあいだ』研文出版、一九九八年、二一三

四―二三五頁）

夜郎自大ではない

三宅雪嶺は日本一の大藩の出身だから「小藩士族」には当てはまらないが、あとは彼を含む上にあげた政教社メンバーの共通点である。ちなみに、次の節でとりあげる内村鑑三は彼より一つ年下で、札幌農学校における志賀重昂の先輩である。上記引用文はそのまま内村にもあてはまるわけで、「国粋主義」に行くか「非教会主義キリスト教徒」になるかは、資質や環境というよりもその人生経験の偶然がなせるわざであった。そのことは後述する。

雪嶺といえば、明治二四年（一八九一）の『真善美日本人』が有名で、これによって彼は論壇に確乎たる地位を占めることになる。だが、それは普遍主義の相のもとに日本人への期待を説く内容で、「夜郎自大的日本中心主義は、雪嶺の立場からは遠かった」（岡氏）。それもまた若い頃からの漢学の素養が培ったものといえよう。平田国学に見られるような狂信的国粋主義は、政教社の「国粋主義」とはまったくの別物であった。いや、吉田松陰に見られるような、水戸学的国体論の発展形態（堕落形態？）とも、それは違っていた。薩長藩閥への批判精神と、それはどこかで通じている。

したがって、雪嶺の『王陽明』が描く王陽明像もまた、普遍主義的な国粋主義の理想を見せている。客観的には外国人の伝記ということになろうが、彼の論述にはいささかもそうしたことにこだわる気配は見えない。王陽明は人類共通の師として、しかしまた日本人である

「われわれ」ならではの師として語られていく。

明治人に向け「良知」再説

『王陽明』は明治二六年（一八九三）に書かれ、友人の陸羯南の手になる跋文を持っている。日本人が著した最初の本格的な王陽明評伝である。全体は、「伝」「教学」「詞章」の三部構成で、「伝」はさらに「族譜」としてその家系について叙述したのち——余談ながら、彼が王羲之を生んだ名門・琅邪王氏の流れを汲むという系図を、雪嶺は実証的に疑っている——、三つの時期に分けてその生涯が語られる。

第三部「詞章」は雪嶺の解説のあと、王陽明の詩文を集めたものだが、わたしたちにとって驚くことには、そこには点や丸による区切りもない、ましてや返り点・送りがなをまったくつけない、いわゆる白文が掲載されているだけなのだ。考えてもみよ、（王陽明の同時代人）エラスムスの評伝の附録に、彼の著作が原文（ラテン語！）でそのまま採録されるだろうか。おそらく（このままではやはりきつかったにせよ）明治時代の読書子には、漢文は漢文のままで味わうものだったのだ。

そして、その間にはさまって、最も多くの頁を割いているのが「教学」である。まず「儒教」と題してその一般的特質が紹介され、つづいて「陽明前の儒教」としてその歴史が語られ、そして「陽明の学説」が来る。ただし、ここはその全般的特徴の解説である。その結び。

> 要するに、陽明の学説の重なる一点は、予じめ先づ心を認了す、苟も一心にして正しければ、世間の事悉く之に拠て解釈せられざるなし、而して人皆良知を致すを得べくんば、寰宇の事業已に了せりと謂つべしと、陽明は実に良知を致すを以て躬の指導としたるなり。

心を重視し、それゆえに良知について説いた点を、陽明学説の真髄とする。この見方は彼の独創ではない。独創ではないが、そう再び説明することによって、陽明学はそうした教説であるとして明治の日本に流布していく。

西洋思想家と対置される王陽明

以下、教説内容が個別に「心即理」「知行合一」「良知」と、節を分かって述べられる。そして、「陽明の志望」として、その志すところが解説される。解説とはいっても、ここも（点丸は切っているものの）陽明の有名な文章二篇を収録して、その前後に簡単な評語を付したにすぎない。いわば、著者の原文をもって語らせるという手法である。わたしもその顰みに倣い、雪嶺の文を引用しておこう。

> 但だ彼れ自ら識るが如く、志至て大にして而して力此れに副はず、空しく労して終らざ

るを得ざりしと雖も、而も心を用ふること、殆ど聖に幾しと謂ふべきか。

陽明原文の「豪傑同志の士を天下に求む」に関する記述である。雪嶺にとって、政教社に集う仲間こそ「豪傑同志の士」であった。

『王陽明』の時代性、明治二〇年代ならではの新しさは、「心即理」の説明にヘーゲルやショーペンハウエルの名を引き合いに出し、「良知」の解説にカント学説を参照させるなど、前述岡氏の文章にあったように、「西洋最先端の学問と伝統的漢学との独特の組み合わせ」に容易に見て取れる。雪嶺が大学で学んだ頃は、イギリスやフランスにやや遅れてドイツ哲学の日本国内での地位が急浮上する時期にあたっていた。彼が想定する読者たちは、陽明学の解説文を「ドイツの誰其れの謂う如く」と聞いて分かる人たちだったのである。

これは「天保生まれ」の三島中洲の世代との明らかな相違である。中洲も漢学者としての一般的印象とは違って、司法省勤務時代に西洋の法体系についてはかなり勉強したらしい。つまり、彼も知らなかったわけではないのだろうが、彼が儒教について語る場合に西洋の思想家を引き合いに出すということはない。それに対して、雪嶺は王陽明の教説を普遍的なものとして説明するために、ドイツの思想家のものと並べて論じていく。のちほど述べるように内村鑑三が「陽明学はキリスト教に似ている」とするのと同じ精神構造である。陽明学は、東アジアに孤立した文脈を脱して、普遍的な人類文明の遺産として語られ始める。

3　陽明学をキリスト教にした男

「代表的日本人」西郷隆盛

内村鑑三は明治二七年（一八九四）一一月、すなわち「日清戦争」の最中に、*Japan and the Japanese*（『日本及日本人』）と題する英語の本を出版している。のちにこの本は西洋各国語に翻訳され、一九〇八年にはその主要部分が*Representative Men of Japan*（『代表的日本人』）と改題されて再版されている。

内村の言う「代表的日本人」とは次の五名。括弧内は彼自身が付した副題である。西郷隆盛（新日本の創設者）・上杉鷹山（封建領主）・二宮尊徳（農民聖者）・中江藤樹（村の先生）・日蓮上人（仏僧）。このうちここで詳しく紹介したいのは、西郷隆盛についての記述である。

西郷の章の終結部において、彼は比較対象として西洋の著名な歴史的人物三人を持ってくる。ドイツのマルティン・ルター、アメリカのジョージ・ワシントン、そしてイギリスのオリヴァー・クロムウェル。西洋列強のうちの三国――これらがいずれもプロテスタントの国であることを記憶しておいていただきたい――を近代国家として確立させた三人を西郷と並べることで、内村は日本をこれら列強と同様の文明国として表彰したのだ。彼は言う、「西郷の日本は、異教徒たる恥辱に甘んずるべきではない」と。なお、この箇所は*Japan and*

the Japanese のほうだけにあり、*Representative Men of Japan* では削除されている。
ここで、この本が英語で書かれたということを思い出していただきたい。この本は同胞である日本人に向けてではなく、西洋人を読者に想定して書かれているのである。英語は内村が得意とする言語だった。彼は一二歳で英語塾に入学して以来、二八歳でアメリカ留学から帰国するまで、その学業のほとんどを英語によって修得している。これは彼だけでなく、当時の知識人に共通の現象だった。日本語はまだ学術言語として確立していなかった。
彼が *Japan and the Japanese* を執筆したのは、西洋人（主としてアメリカ人）に対して、日本が彼らが思うほど野蛮な国ではないこと、キリスト教国ではないにもかかわらず立派な人物が輩出していることを示すためだった。したがって、その選択基準は、西洋人の目から見て立派な人物に見える人物でなければならない。内村にとって、西郷はその最適任者であった。

内村鑑三

内村鑑三の陽明学顕彰

ではルターやワシントンやクロムウェルのようにキリスト教徒ではないにもかかわらず、西郷が正義のために近代国家樹立運動に邁進できたのはなぜか。キリスト教に代わる精神的支柱が西郷にあったからである。そう内村は解釈する。そして、その精神的支柱こそ、陽明学であった。内村は言う、「数あるシナの哲学者の中でも、王陽明は、良心に関する高遠な学説と、やさしい中にもきびしい天の法則を説いた点で、同じくアジアに起こった、かの尊厳きわまりない信仰であるキリスト教に最も近づいた者である」と。

西郷はキリスト教の信者ではなかった。しかし、陽明学を奉じていたために、キリスト教徒と同じ偉大な精神の持ち主となりえたのである。なお、現在一般に日本陽明学の開祖とされる中江藤樹についての章でも内村は陽明学を誉めたたえている。

西郷はその生前から、また朝敵として自殺した直後においても、大多数の日本人から尊敬されていた。しかし、それは内村が言うように「キリスト教徒にも劣らない」という理由からではない。日本人にとって、西郷は武士道の体現者だった。彼は自分が成し遂げた明治維新とともに死に絶えた「最後の武士」であった。決してキリスト教徒に似ているという理由で評価されていたわけではない。とすると、西洋人読者を念頭に置いていたとはいえ、なぜ内村はわざわざこんな言い方をしたのか。

儒教とキリスト教の親和性

それは内村自身が熱烈なキリスト教徒だったからであろう。よく知られているように、彼は少年時代に札幌農学校（現在の北海道大学）で学んでいる。そこではアメリカ人教師の薫陶を受けて、多くの学生がキリスト教に入信していた。内村も同級生の太田稲造（おおた いなぞう）（新渡戸稲造（にとべ））らとともに、ここでキリスト教徒として洗礼を受けている。内村の洗礼名はジョナサン、新渡戸はポールであった。その経緯、およびその後のアメリカ留学生活の体験を、彼は *Japan and the Japanese* 執筆と前後して、やはり英文で *How I Became a Christian*（『余は如何にして基督信徒となりしか』）としてまとめている。そこで語られている幼年時代に受けた教育は、彼と同世代の日本人に共通のものであった。すなわち儒教式教育である。内村の父は西郷の同世代人、つまりは「天保老人」（徳富蘇峰の表現）であり、武士として儒学の素養を持ち、息子にみずから経書の手ほどきをした。だが、内村少年はそれに反抗してキリスト教に転向したわけではない。彼は言う、「これら儒教の教訓は、多くの自称キリスト教徒たちに授けられ、また抱かれている教訓に比べて、少しも劣るものではないと、私は確信している」と。彼にとって、キリスト教信仰を持ってからも、この幼時の庭訓(ていきん)は貴重な経験として尊重され実践されていた。

それどころではない。なんと、内村鑑三は自分に儒教について教えてくれた父・内村宜之(よしゆき)を、キリスト教徒とすることに成功しているのだ。その道具として彼が選んだのは、ドイツ人宣教師が中国で執筆・刊行した「マルコによる福音書」の注解『馬可講義』であった。もちろん、この本は中国語で書かれている。しかし、内村の父にとって（多くの同世代の日本人同様）、漢文調の中国語で書かれた書物を読むことは、それほど困難なことではなかった。鑑三は宜之の禁酒をもって、儒教徒がキリスト教徒に変身したことの象徴としているけれども、この入信は宜之にとってそれまでの人生・思想を全面否定する事件であったわけではあるまい。この篤実な儒者にとって、『論語』に代わる聖典として『聖書』が現れたとい

新渡戸稲造

うだけのことだったのだ。そして、それは内村鑑三自身についても当てはまる。ある研究者はこう述べる。「所で私は信徒ではないから不当な濆言をするかも知れないが、彼のこの回心は異教徒からクリスチャンへの抜本的な切り換えではなかったのである。それは生来いわば武士道的儒教主義で育てられた少年が、この教義を否定することなく、その延長の上にそれよりもっと完璧な体系で「義」というものが存在することを知った喜びなのである」と（河上徹太郎「解題」『明治文学全集三九巻　内村鑑三集』筑摩書房、一九六七年、三八二頁）。

新渡戸稲造も

自分自身がキリスト教徒である研究者の場合には、この点が見えにくいのかもしれない。彼らにとって、儒教は「封建道徳」として打倒目標となっており、自分たちの先達である内村が儒教精神から脱していたことは自明の前提になっている。だが、そうした人たちを含めて、日本のキリスト教徒の心性には共通して儒教的色彩が濃厚である。というよりも、内村父子の場合に典型的であるように、真摯な儒教徒ほど熱心なキリスト教徒になっていく。内村鑑三の同窓生であった新渡戸稲造もその一人である。彼は内村の上記二冊の本にやや遅れて、明治三二年（一八九九）に英文で*Bushido：The Soul of Japan*（『武士道』）を著し、やはり日本人の伝統精神をアメリカ人向けに宣伝した。彼は武士道を支えるものとして、神道・仏教（とくに禅）・儒教を挙げる。この三つの選択自体は、古来の三教であってなんら目新しいものではない。しかし、彼が儒教のなかで孔子の正統的後継者として指名するのが、朱子ではなく王陽明であったことは、特筆すべきことがらである。

儒教を学んだ人物がなぜキリスト教信者になるのか。その問いを解く鍵は、彼らが思い描く儒教とキリスト教の姿にある。内村はキリスト教信者になってからは、数多くの祠廟でいちいち神々に祈禱する必要がなくなったことに解放感を味わったと記述している。彼にとって、かつてそれらの祠廟は、霊験に疑わしさが感じられても、慣習の圧力によって祈らざるをえない対象であった。しかし、より大きな正統教義を得ることによって、それらは彼にとっては淫祠となった。内村はキリスト教徒となることによって、これら迷信的な神々に祈ることの煩わしさから解放された。

プロテスタンティズム

内村は明治三七年（一九〇四）一二月におこなった講演の草稿「基督教とは何ぞや」において、まずキリスト教が何でないかということについて、次の四点を挙げている。

一、キリスト教は儀式ではない。
二、キリスト教は教会組織ではない。

三、キリスト教は理屈や教義ではない。
四、キリスト教は道徳ではない。

この四つの否定文は、内村のキリスト教観を如実に示している。一般的な非信者たちから、キリスト教とはこういうものだとみなされていた事項をことごとく否定する形で、内村は自分が認識しているキリスト教の姿を描いてみせる。そして、それこそがほんもののキリスト教の姿なのであると、内村は考えたのだ。

キリスト教とは、宗教結社として教義に詳しい聖職者たちが取り仕切る宗教儀礼によって、信者の内面生活を法律のように外から規定する教えではない。そうではなく、個々の信者が内面の良心の命ずるままに、『聖書』に示された神の教えを実践していく信仰である。内村はそう考えている。これは「無教会主義」と呼ばれる考え方であった。

その源流にあるのは、一六世紀におけるいわゆる宗教改革によって誕生したキリスト教の新流派、プロテスタンティズムであった。内村が札幌で入信したのも、アメリカ留学時に神学校で学んだのも、プロテスタンティズムであった。上の四つの否定文を肯定文にしたときに見えてくるキリスト教の姿として、プロテスタンティズムの信者たちが批判してきたのが、ローマカトリック教会である。そして、内村をはじめ、一九世紀後半の日本の知識人たちの間に拡がったキリスト教とは、カトリシズムではなくプロテスタンティズムのほうであった。それは彼らがもともと持っていた儒学的素養が、プロテスタンティズムに親和的だったからなのである。

「回心」への誇り

キリシタン禁制が解除され、内地布教が公然と認められるようになったとき、内村のような青少年の心を捉えたのは、一六世紀のザビエル（シャビエル）時代のようなカトリシズムではなかった。ローマ教皇を頂点とする強固な教会組織と、綿密・精緻に構成された教義についての神学を擁し、厳しい戒律を課してくるカトリシズムではなく、個々人の良心に信仰の基礎を置き、各人が直接神と向き合うことを求めるプロテスタンティズムのほうであった。もちろん、カトリック教会も明治時代に日本布教に力を入れ、いくつもの学校（その多くは今でも存在している）を創設して一定の成果をあげているが、内村たちの心を魅了したのは、そうした荘厳な教会組織ではなかった。

とりわけ内村の場合には、教会組織への嫌悪感が強い。プロテスタント側も教会を持っていることは言うまでもない。ところが、内村はすでにアメリカ留学時代から、自分の留学を金銭面で援助してくれている現地の教会組織に対する不満を抱いていた。彼にとって、ルターによる宗教改革の精神は、そもそもそうした教会組織との訣別にあると考えられていたからである。彼は自分が青年時代にキリスト教にあらためて入信したことを、キリスト教国に生まれて自然にキリスト教信者になった人々の信仰のあり方と明確に区別しようとする。単に周囲の環境や慣習にひきずられてキリスト教徒として生活しているわけではなく、強い確信をもって「回心」したことを誇りとしているのだ。そのことが、彼のほうからの神への愛と、神のほうからの彼への愛とを、ともに確証するものだったからである。

陽明学―キリスト教―革命

内村は「二つのJ」への愛を説く。イエス（Jesus）と日本（Japan）である。神と祖国ということだ。語呂合わせのためとはいえ、父なる神ではなく、人間性を示すイエスのほうが選ばれていることが注目される。彼の思い描くキリスト教は、天地創造説や形而上学に支えられたものではなく、「人間としていかに生きるべきか」という倫理的な次元でのものであった。前述の「キリスト教は道徳ではない」というのは、道徳を外的規制と捉えたうえでの否定文であって、内心からほとばしる行為という意味ではキリスト教を倫理的次元で捉えようとする主張であった。彼がその文脈で「儒教のさらに大きなものとしてキリスト教を見ようとする者は、キリスト教の精神を完全に誤解している」と述べるとき、そこで言われている儒教とは、人々に三綱五常（さんこうごじょう）や祖先崇拝を強要する、外的な規制・慣習なのであった。彼の心性はもともとそうした外的規制になじまなかった。それゆえ「回心」が生じたのである。日本への愛を捨てて全面的に西洋文明に帰依したわけではないことも、その証拠である。

そして、それこそが、彼が『代表的日本人』のなかで西洋人に向かって陽明学のすばらしさを力説した理由なのである。西郷のように優秀な人物を育んだのは、日本土着のキリスト教的精神すなわち陽明学なのであった。彼の文章をここで長めに引用しておこう。

陽明学は、徳川幕府が自己保全のために奨励した朱子学とは異なり、進歩的、前進的で、将来性に満ちたものである。それがキリスト教に似ていることが、一度ならず指摘され、それやこれやの理由から、わが国では、事実上、禁止同様になっていた。「キリスト教は陽明学に似ている。日本帝国崩壊の因をなすものはこれだろう」と、維新史に名高い長州の戦略家、高杉晋作は、長崎で初めて聖書を調べた時に叫んだ。キリスト教に似たあるものが、日本の再建にあずかって力あったということは、日本の維新史上の驚くべき事実である。（前掲『内村鑑三集』に載る内村美代子・新木〈内村〉桂子訳）

高杉の発言は当時広く知られていたもので、彼は攘夷派の論客だったから、この発言は一般にはキリスト教の危険性を彼が見抜いたものとして利用されていた。内村はその主語と述語を逆転させ、「陽明学はキリスト教に似ている」ということの証拠にするとともに、高杉が日本に革命をもたらす懼れありとしたキリスト教に先だって、旧来の陽明学が、明治維新という、高杉もその運動に参加した革命運動を支える精神になっていたことを力説している。つまり、高杉がキリスト教の危険性を言うために陽明学を引き合いに出したのに対して、内村は陽明学の優秀さを主張する証拠に高杉発言を利用しているのだ。

教育勅語への道

ちなみに、前章ですでに述べたように、高杉の師の吉田松陰は、内村がこの本を書いた頃には陽明学者とみなされるようになっていた。高杉は明治維新が成就する直前に病死したが、初代の内閣総理大臣伊藤博文をはじめとして、明治政府の要人のうち長州出身者は、そのほとんどが松陰の門下生である。内村が、薩摩出身でしかも朝敵として死んだ西郷隆盛についてだけ賛辞を送って、長州出身の維新の功労者たちに触れないのは、彼が現実の明治政府によってこの数年前に嘗めさせられた辛酸に由来するのかもしれない。彼は伊藤博文を「陽明学を奉ずる偉大な政治家」として礼賛する気にはなれなかったのだ。

その事件は、明治二四年（一八九一）一月九日に起こった。前年九月から、内村は第一高等中学校の嘱託教授となっていた。その年一〇月、いわゆる「教育勅語」が宣布される。勅語であるからには名目上の著者は明治天皇であったけれども、実際に作成段階で陣頭指揮にあたったのは、伊藤博文であった。

最初に執筆を請けおったのは中村正直で、キリスト教信者になってからも自分を儒者であると公言していた人物である。ところが、その文面があまりにも道徳的訓辞の色彩が濃く、立憲君主の文章としては適切ではないということで、伊藤らは井上毅（いのうえこわし）に原案作成をあらためて命じ、これに明治天皇侍講の元田永孚が改訂意見を何度も述べ、中村正直や三島中洲をふくむ高名な学者たちの文飾も経て、最終的な文章が確定した。

勅語は、天皇の署名を書き入れた形でいくつかの学校に下付された。中等教育機関として最高の位置を占めていた第一高等中学校にも、当然のことながら勅語がもたらされた。その講堂において、勅語の奉戴式（ほうたい）が挙行されることになった。もちろん、全国でもはじめての儀式であり、前例となる式次第は存在しない。校長の判断で、教員・生徒がひとりひとり勅語に拝礼する。勅語に天皇の署名があるからである。事前には何も打ち合わせはなかったらしい。ほとんどの者は神社仏閣で神や仏にするのと同じく、ごく自然に、普段どおりに深々とした敬礼をおこなった。ところが、そうした慣習から離脱して久しいキリスト教信者内村鑑三は、校長から数えて三番目の拝礼者であったこともあって、どういう拝礼をしたらよいかきちんと考慮する時間的余裕のないままに、ためらいがちに軽く会釈することしかできなかった。結果的には、一〇〇〇人を超す列席者のなかで、そうしたのは彼一人であった。かねてより内村のことを快く思っていなかった一部の教師・生徒が、これを口実にして騒ぎ始める。

こうして「内村鑑三不敬事件」が作り出された。

「不敬事件」の真相と井上哲次郎

しばしば「内村は敬礼を拒んだ」とされ、そのことが当時は内村批判の論拠に、そしてその後は（天皇制軍国主義国家への抵抗者としての）内村賞賛のために言及されるが、事実としては内村は敬礼している。しかも、この時の軽い敬礼が物議をかもし、また、この儀礼は宗教的な意味を持たないという校長の事後の説明を聞いてからは、あらためて深々と敬礼し直すことにも同意している。

井上哲次郎

また、内村は教育勅語の内容そのものにはなんら異議を唱えていない。それが天皇の命令だからだとか、内容が非民主的だからという理由で、彼は「不敬事件」を起こしたわけではない。それは単に、前例がまったくない儀式において、前の二人が大仰に最敬礼するのを見てとまどった人物が、もう一〇年以上もしたことがない最敬礼という身体所作を咄嗟にはできなかったという一事に尽きる。内村は確信犯ではなかった。

だが、政治的にこの事件は利用された。はじめは内村への個人攻撃にすぎなかったものが、やがてキリスト教そのものの危険性へとすり替えられてゆく。高杉が予見したのと同様の「大日本帝国を崩壊させる」懼れを感じとった当局者たちが、有為の青年たちの教育をキリスト教信者に任せるのは危険だと気づいたのである。その論客として登場するのが井上哲次郎であった。

井上は内村より六歳年上であった。東京大学を卒業したあとドイツに留学し、哲学を学ぶ。「不敬事件」は帰国直後のことであった。彼は「教育と宗教の衝突」という論文を発表して、この事件が持つ思想的意義について語り、内村を攻撃する。内村がアメリカの友人に宛てた書簡にある表現を用いれば、その攻撃は「世の救いを説くキリスト教は、一独立体としての国家の存立を危うくする」という趣旨であった。内村自身はこの間体調を崩して病床に伏せるが、結局教職を辞せざるをえなくなり、また、心労で妻を亡くすことにもなる。この「教育と宗教の衝突」論争は、井上陣営に仏教聖職者、内村陣営にキリスト教徒を巻き込んで数年間継続する。

夢想の中の陽明学には「隣人愛」がある

井上およびその後の陽明学研究者たちの話は次章に回すことにして、今はまず内村の話に限定しておこう。内村にとって、要点はやはり「儀式と教会」にあった。陽明学は儀式を重視せず、教会組織を持たなかったからである。内村をはじめ、当時の日本人が思い描く陽明学とはそういうものであった。

儒教主流派の朱子学が徳川幕府の体制と協調することによって儀式的権威と組織的基盤を有していたのに対して、陽明学は自由な批判精神の担い手とみなされていた。内村が少年時代になじんでいた儒教は朱子学であったため、そうした自由な気風とは異なっていた。言い換えれば、陽明学の教説は、キリスト教道徳について内村が述べる「内より外に向けて働くもの」であって、彼が普通「儒教」の語によって思い描いている朱子学的桎梏(しっこく)とは別様に見えた。彼の「回心」とは、儒教からキリスト教へのものではなく、朱子学から陽明学へのものだったと言ってもよい。もちろん、その場合の陽明学とは、中国明代における陽明学そのものではなく、内村たちが夢想する陽明学のことではあるが。

内村のキリスト教信仰の重要な特徴として、隣人愛の重視がある。彼は彼個人の魂の救済を、社会全体の救済と一体のものとして捉えた。「隣人愛」ということばは『聖書』の「マルコによる福音書」にある「自分を愛するようにあなたの隣人を愛せ」に根拠がある。そこではあらゆる祭祀や犠牲よりも根源的な事柄として、この訓戒が語られている。そして、思い出していただきたい。彼が父親を「回心」させようとして選んだのが、「マルコによる福音書」の中国語による注解であったことを。「隣人愛」は儒教徒であった内村宜之・鑑三父子には、まずは陽明学が強調する「万物一体の仁」として受け止められたのではなかろうか。

陽明学的キリスト教徒

そして、おそらく彼らのみではない。明治時代にキリスト教に入信していった知識人の多くにとって、キリスト教の説く隣人愛は、別段新奇な教説ではなかった。ややもすれば偽善的になる体制儒教（朱子学）のあり方に反発する者にとって、自己一身の栄達ではなく、隣人と共に生きることを強く主張する「マルコによる福音書」のような教えは、キリスト教への反感と偏見を拭い去ってみれば至極当然の教えとして受け入れることのできるものであった。

文明開化しなければならないという強迫観念に駆られていた彼らにとっては、三綱五常や祖先祭祀の束縛から自由になれるだけ、既成儒教以上に文明的で優秀な教説と映じたのである。儒教への原理的な帰依が、キリスト教、それもプロテスタンティズムへの信仰をもたらしたのであった。彼らは陽明学的キリスト教徒であった。

しかも、それが儀礼や組織への嫌悪に基づいていたという点で、一六世紀のキリシタンたちとは大きく異なっていた。イエズス会による荘厳なカトリック典礼とは異なり、プロテスタント教義のなかに内村たちが求めたのは、イエスを一人の人間として、完璧な人格者として、自分の模範として生きようという思いであった。生まれつき天が与えてくださった良心の命ずるままに、社会的存在として隣人たちとともにあり、全人類のために生きること——それを古典中国語で表現すれば、陽明学の教説ができあがる。現在日本語では「良心」という語のほうが普及し一般化しているが、内村たちにとっては「良知」という儒教用語のほうが馴染み深かったろう。

天理を外的規範に求めることをやめ、内心にある良知にしたがって生きよと教えた王陽明は、内村には東アジアにおけるキリストの弟子に見えたのである。いや、話は逆であろう。王陽明を投影したものとしてイエスがあり、だからこそ、西洋人に向かって、彼らが知らないでいる陽明学のすばらしさを、その陽明学の精神が育んだ西郷隆盛という人物を語ることを通して、宣伝しようとしたのである。アメリカ人は内村や新渡戸の功績によって「陽明学のすばらしさ」をはじめて知ったのであった。

「帝国」へ

以上、本章では三島中洲・三宅雪嶺・内村鑑三の三人を通して、明治時代前半に陽明学がどのように語られたかを概観した。叙述は一部明治後半にも及んだが、彼らの発想の基本はすでに明治前半に形作られており、その延長にすぎない。
だが、日本社会全体は、日清戦争を経て大きく変わりつつあった。鹿鳴館(ろくめいかん)時代が終わり、帝国憲法・教育勅語体制のもとで、新たな国家秩序が確立していた。その体制を思想学術面で支えた人物、それが帝国大学教授・井上哲次郎であった。彼はドイツ観念論哲学の紹介と教育勅語の普及・解説を国家的任務として与えられ、日本儒学史研究の枠組みを作り上げる。これら個々ばらばらに見える事業は、明治後半の時代的要請によって一つにつながっていた。

牧歌的な時代は終わり、すでに「帝国」が成立していたのである。

エピソードⅣ　帝国を支えるもの――カント・武士道・陽明学

1　明治のカント漬け

「帝国」の陽明学

明治二八年（一八九五）、下関講和条約による日清戦争の終結は、大日本帝国の国際的地位を大きく変えた。清国も西洋諸国も、それまでは日本を東アジアの小国とみなしていた。日本自身も東アジアの枠内にとどまるかぎりは西洋列強から同等の仲間として見てもらえないと判断し、鹿鳴館に象徴される西洋化路線をひたすら突き進んでいた。

しかし、東アジアの大国であった清に勝利したことで、この判断は微妙に変化しはじめる。実は日本こそ東アジアの古き良き伝統の継承者であり、それゆえに旧套墨守（きゅうとうぼくしゅ）の中国や朝鮮とは違って、国際社会の一員となることに成功したのだ――そうした言説の登場であった。従来、「開化」か「国粋」かという二項対立で語られていた路線問題が、「伝統精神を保存しながらの文明化」という一本の流れに統合されていく。

もちろん、実際にすべてがそう単純に整理されたわけではない。だが、思想面において、

「文明開化と国粋保存とは矛盾することではない」とする言説が登場したことは、それまでにない見方が生まれたと評価することができよう。それにともなって陽明学の表象も変化する。エピソードⅡで論じたような「吉田松陰や西郷隆盛は陽明学」とする分類が、それにともなって確立するのだ。その立役者は井上哲次郎。

その話題にはいるために、まず最初に明治三二年（一八九九）に刊行された二冊の本の紹介から始めよう。その二冊とは、蟹江義丸（かにえよしまる）『西洋哲学史』と三神礼次（みかみれいじ）『日本武士道』である。

蟹江義丸『西洋哲学史』

蟹江義丸は、井上哲次郎門下の哲学者。井上はすでに『哲学字彙』を刊行して西洋哲学の諸概念を日本語でどう訳すかという案の一覧表を示していた。scienceの「科学」、societyの「社会」などもこの本に見える。さらに有賀長雄（あるがながお）と共同で『西洋哲学講義』を刊行し、哲学概説をおこなっている。こうした流れを受けて、蟹江義丸は西洋の哲学史を自力で一冊に要約した。それが『西洋哲学史』である。その冒頭、「例言」は以下の四条からなる。

一、本書が一九世紀後半にドイツで出版された何冊かの哲学史を参照していること。また、プラトン・アリストテレス・カントなど十数名の主要な哲学者の著作以外については、必ずしも原典を読んでいないこと。

二、西洋哲学三〇〇〇年の歴史を僅か三〇〇頁で叙述するのは至難の技であり、そのため一流の哲学者の紹介のみにとどめざるをえなかったこと。

三、ヘーゲル以後の哲学については別に一冊を企画しているため省略したこと（ただし、この企画は、蟹江が若くして没したこともあり、実現しなかった）。

四、哲学上の訳語として本書が用いたのは自分の私見であること。ヘーゲル哲学の訳語については「吾師文学博士井上教授」の示教を仰いだこと。

実際、本書の構成はこの「例言」が言うように、当時のドイツにおける哲学史の流儀を踏襲している。そもそも、哲学史という範疇自体の創設者がヘーゲルであったことを思えば、こうした形で古来の哲学者を系譜化し、その最終到達点として現在を据える考え方自体が、ドイツ観念論の枠組みでの思想営為であることになる。

『西洋哲学史』

哲学史の前提

つづく「序論」において、蟹江は哲学と哲学史の定義を試みる。「哲学」が英語の Philosophy の訳語であり、Philosophy がギリシャ語では「愛知識」の意味であることが紹介されたのち、仮の定義として「世界の原理を攻究するの学」だとする。ただ、そうした哲学は古来発達進歩を遂げてきており、外面・内面の両面にわたるその原因を叙述するのが、他方の哲学史の役目である。哲学には唯物論・唯心論・折衷論の三流派がある。その消長を、古代・中世・近世の三つの時期区分にしたがって叙述するのが哲学史の方法である。科学が世界のなかのある特定の現象を攻究するにすぎないのに対して、哲学は一切の事物を対象とする。また、宗教が「感情的」なのに対して、哲学は「知力的」である。蟹江はこのように、哲学と哲学史の対象を規定して本篇へと進んでいく。

以上の叙述は、もちろん蟹江の創見というわけではなく、むしろ、当時の日本の哲学界の共通了解を最大公約数的にまとめたものと言えよう。当時の日本の哲学研究者たちがどういう傾向に染まり、どういう問題意識を持っていたかを、蟹江の叙述は如実に示している。哲学史が唯物論と唯心論の抗争およびその折衷であること、その発展が（次にあらためて見るように）キリスト教との関わりを指標として三つの時代に区分できること、哲学が科学や宗教とどう同じでどう異なるのかということ——。それらが哲学史を語り始める前に読者に提示しておく必要のある、重要事項なのであった。

大西祝の「啓蒙」「進歩」

すでに蟹江に先立って、何人かの哲学研究者が哲学史のあり方をめぐって文章を著している。ここでは大西祝（おおにしはじめ）のものを紹介しよう。明治二六年（一八九三）、『六合雑誌（りくごう）』一五四号に掲載された「哲学史とは何ぞや」と題する文章の一節である。なお、この年はちょうど井上哲次郎「教育と宗教の衝突」に対する反論を、大西がキリスト教徒の立場から著した年でもある。

付言しておけば、大西は父母の世代からのキリスト教徒であった。井上哲次郎の『哲学字彙』では「文華」と訳されているenlightenment（Aufklärung）を、儒教の経典である『易』の文言を利用してはじめて「啓蒙」と訳したのが、この大西であった。儒教でのこの語の意味は、「蒙を啓（ひら）く」、つまり「愚か者を教え導く」ことである。欧米の思想家たちにとっては、神が与えてくれた各自の「理性（reason, Vernunft）」をみずからの努力で光り輝かせる意味であったenlightenment（動詞はenlighten）が、「啓蒙」という漢語に訳されることによって、東アジアではともすると「先覚者が一般大衆を教導する」意味に誤用されることになった責任は、この大西が負わなければなるまい。どうです？　蒙を啓かれました？

大西は言う。「哲学史を研究せんには、哲学の変遷に（広く云へば社会の変遷に）原因結果上の関係に加へて進歩上の関係即ち一言に云へば世に進歩なるものの存することを仮定せざる可らず」。単なる変遷ではない。哲学が進歩するという前提、これがあってはじめて哲学史の叙述に意味が生じる。明治の哲学史は、進歩の歴史として哲学を描こうとする。蟹江も例外ではない。

その進歩の三区分が古代・中世・近世であった。もちろん、これも西洋人がAncient, Medieval, Modernとしてきたものを漢語に置き換えただけである。

自明の枠組み

蟹江の『西洋哲学史』では、ギリシャ・ローマ哲学すなわちキリスト教以前の時代が古代、教父哲学とスコラ哲学（蟹江は「煩瑣哲学」と訳している）すなわちキリスト教神学の時代が中世、そして過渡期をはさんでキリスト教から哲学が独立するルネッサンス以後、思想家でいえばベーコン以降の時代が近世となる。しかも、彼は近世哲学を二つの時期に区分する。その指標は一人の偉大な哲学者であった。イマニュエル・カントである。近世の第一期は「カント以前」、第二期は「カント以後」と表題が付いている。しかも、「カント以後」として紹介されるのは、カント自身を含めて、フィヒテ、ヘルバルト、シェリング、ヘーゲルと、ドイツ観念論の系譜にすぎない。ヘーゲル自身が最後に来るのは、「例言」で言われていたように、彼以後については別の本を計画していたからでもあろうが、本書の構成それ自体が、ヘーゲルの構想する哲学史そのままであることは一目瞭然である。本書全体の中核に位置するのはカント。蟹江は、プラトンとアリストテレスとにそれぞれ他の哲学者にくらべてきわだって多い一八頁を、ヘーゲルに一四頁を費やしているけれども、カントには彼ら三人を合計したのにほぼ等しい四二頁を割いている。

蟹江は本書以前にカント――当時の日本ではカントを「韓図」と漢字表記していた――についての論文を書いている。「韓図の『道徳純理学』梗概」が明治三〇年（一八九七）、「韓図の哲学」が三一年（一八九八）。さらに三四年（一九〇一）には『カント氏倫理学』という単行本も上梓している。『西洋哲学史』のカントの記述が、こうした彼自身のカント研究に基づいていることは言うまでもない。ただ、それは彼の個人的事業なのではなく、当時の日本哲学界全体の趨勢でもあった。一九世紀末の日本において、歴史上最大の哲学者といえばカントであった。中島力造・清野勉・波多野精一・桑木厳翼、それに前述の大西祝らがいずれもカント哲学を中心に据えた哲学・哲学史の構想を立てていた。井上哲次郎については、あらためて言うまでもない。

　ここで特筆されるべきことは、彼らが哲学・宗教・科学という思考営為の区分を自明の前提として話を進めている点である。それらを区分すること自体が、西洋思想における歴史的産物、近代になってからの特殊なものにすぎないということへの自覚と反省は、彼らには見られない。むしろ、この自明の枠組みをもって枠組み成立以前の哲学史を回顧するというやり方、すなわち、カントが非歴史的な形で哲学全体を批判的に総括した方法、あるいはヘーゲルが時系列の順序を尊重した歴史叙述の形をとってまとめあげた方法を、既定の真理として受容したうえで、西洋哲学の歴史を記述する態度であった。皮肉な言い方をすれば、彼らにはカントが持っていた批判精神が欠如している。

　そこには、彼らが置かれていた状況・環境によるやむを得ぬ事情が作用していた。彼らにとって火急の課題は、日本をいかにして早く西洋列強のように「文明開化」させるかであって、本当の意味での哲学的反省ではなかった。蟹江の『西洋哲学史』は、その意味で、当時の日本に流通していた「哲学」なるものについての考え方を典型的・象徴的に示す教科書であった。

ドイツに学び、カントを崇める

明治三〇年（一八九七）、井上哲次郎は東京帝国大学文科大学学長に就任し、その組織作りに着手した。哲・史・文の三領域への大区分がなされる。第一の広義の哲学科のなかには、狭義の哲学（当時「純正哲学」と俗称された）のほか、倫理学・宗教学・美学を部門として立て、他に西洋以外の哲学を研究する部門として支那哲学と印度哲学を設けたのである。驚くべきことに、わたしが奉職する東京大学では、一〇〇年以上経った今でもまだ基本的にこの枠組みが守られている。純正哲学・倫理学・宗教学・美学を並列させる方法は、井上をはじめ当時の講壇哲学を支配していたドイツ派の流儀であった。その全分野で教祖と崇められていたのが、カントなのである。

当時の日本で、なぜカントだったのか。一つには、国を挙げてドイツに学ぼうという風潮が存在したからである。明治初期には諸般にわたって英語が重視され、イギリスの経験論や功利主義がまず紹介された。福沢諭吉はその典型と言えよう。やがて中江兆民らの努力でフランスの啓蒙主義や革命思想が流入する。このように、当初はどれか一つの流派が圧倒的影響力を持つということはなかった。

ドイツ学が中心になるのは、伊藤博文が憲法をドイツに倣って定めることに決めてからである。憲法の作成実務の中心人物である井上毅は元来はフランス学であったし、金子堅太郎（かねこけんたろう）はアングロサクソン系統の学問（ただし、イギリスよりはアメリカ系統の）を学んでいた。

にもかかわらず、彼らもこれ以降一転してドイツ風の国家学の権威となる。

学の序列もドイツに従う

当時の日本において──当時のみならず、現在においても──東京大学の人文学は、人文学それ自体の存在価値によってというよりは、有能な官僚・企業管理者・技術者を養成するための基礎学問として位置づけられた。学部の呼称順序は、当時も今も「法医工文理」である。政治も経済も科学技術も、すべてドイツに倣って後継者を養成することが決定された以上、その基礎となる人文学が独自路線を歩むことはありえない。学界における将来の指導者となることを前提にしたうえで、三〇歳の東京大学助教授・井上哲次郎が国費留学先としてドイツを指定されたのは、いわば当然であった。彼ははじめから、フランスやイギリスの哲学ではなく、ドイツの哲学を日本に移植する使命を帯びていたのである。

当時のドイツは観念論の全盛期をすでに過ぎていたが、井上はそれを持ち帰ることになる。大西祝も新設予定の京都帝国大学文科大学学長となるための修業として、明治三一年（一八九八）、ドイツ留学に出発している。帰国まもなくの大西の夭折後、井上の弟子で大西の後任だった桑木厳翼が、京都帝国大学教授としてドイツ留学を命ぜられ、あらためて本格的に新カント学派の教説をもたらすことになるが、その路線はすでに井上が敷いたものであった。帝国大学の教壇は誰も彼もがドイツ帰りだった。そして、その誰もがカント哲学の日本における宣教師となった。

厳密に言えば、日本ではカントに先立って、むしろヘーゲルが受容されていた。理由は単純で、井上以前の「お雇い外国人」フェノロサがヘーゲリアンだったからである。桑木や蟹江と同世代の紀平正美はヘーゲル学の権威となっていく。だが、彼は帝大教授にはなれなかった。文学部の講壇アカデミズム哲学は、やはりカントをもって偉大な祖師と仰いだのである。

ただ、以上に述べ来たったことは、蟹江義丸『西洋哲学史』の表現を借りれば「外面的な理由」にすぎない。日本でカント哲学が好んで受容されたその「内面的理由」は、これとは別の所に探られねばなるまい。

2　武士道の顕彰

三神礼次『日本武士道』

ここで、蟹江義丸『西洋哲学史』と同年に刊行された、三神礼次『日本武士道』のほうに話を移そう。

蟹江とは異なり、三神は講壇の人ではない。山岡鉄舟の流れを汲み、弘武館という武術の道場組織を取り仕切った人物である。その意味で、『日本武士道』は学術書ではない。しかし、この本の序文を漢文で寄せているのが帝国大学の史学分野の創設功労者で薩摩出身の重野安繹、本篇全体の校閲を務めて著者三神よりも前に名前を表記されているのが水戸出身の漢学者・内藤耻叟（ないとうちそう）であるというだけでも、俗書として葬り去るには惜しい一冊である。

本書は次のような構成からなっている。内容はこの目次を見ればおおかた察しがつくだろう。

『日本武士道』

緒言
第一章　何をか武士道と謂ふや
一　武士道の由来及び発達
二　武士道の鍛錬
三　武士道とchivalry
四　封建制度と武士道の関係
第二章　武士、世に処するの光景
一　武士の教育
二　武士の生活
三　武士の栄辱
四　武士の嗜好
五　武士の情義
六　武士の窮通
第三章　近時武士道の陵夷する所以

一　重智主義
二　重貨主義
三　法治主義
第四章　文明時代の武士道
一　西洋の文明
二　日本の文明
三　文明の精華として武士道の活動

武士道の優越を語る「差別発言」

明治維新から三〇年、つまり、すでに社会的身分としての武士は姿を消して一世代を経ていた。過去のものとなりつつある武士道。その意義をあらためて「文明時代」において闡明(せんめい)しようというのが本書の主旨である。ここでも当時の日本における風潮が作用している。明六社(めいろくしゃ)に代表される文明開化路線は、江戸時代の旧套なものを葬り去る傾向を持っていた。これに対する反動は、前章で述べたようにさまざまな局面で生じてくる。そして、清に勝利したことは、「東洋の盟主としての日本」という意識を多くの日本人が持つ契機になった。

日本はなぜ成功したのか。それは必ずしも西洋文明が優れているからというだけではない。同じように西洋の軍艦を購入していた清国の北洋艦隊は、日本海軍の前にもろくも壊滅したではないか。数の上では当初劣勢であった日本陸軍は、あっというまに清軍を朝鮮半島から駆逐したではないか。彼らになく我々だけに備わったものがある。それが武士道だ。彼らはそう考えたのである。

三神は前漢の郅都が公直清廉であったために歴史に名をとどめた事例に触れ、「しかし、もし郅都が日本に生まれていたら、ごく平凡であたりまえの人物にすぎないから、歴史に名を残すことはなかったろう」と論じる。両国の国民性に関する差別発言である。

しかし、この「差別発言」は、読者の教養の基礎が中国の故事にあることを前提にしている。『日本武士道』刊行当時、この本の読者はみな『蒙求』などの書籍を通じて郅都のことを知っていた。それゆえ三神もこの例を取り上げているわけだ。そうでなければこの叙述は意味をなさない。「郅都が公直清廉であった」ことを既知のこととしていなければ、なぜ彼を「日本では並みの人物」と貶める必要があろう。

ところがそれから一〇〇年、今や大学で中国学を専攻する研究者でさえ、いったいその何割が郅都について知っているだろうか。かくいうわたしも、今回あらためて事典を繙いて調べたのである。

精神的支柱でもある中国文化

したがって、三神の中国への言及は両義的である。基礎的教養の土壌としての中国文化と、軽侮の対象としての現代中国と。そのことが端的に表現されているのは、彼が中国に言及する際の用語である。彼は前者の文脈では「漢」と呼び、後者の意味では「支那」と呼ぶ。この使い分けは、意図的になされているわけではないと思われるだけに、いっそう象徴的である。古来、必ずしも蔑称ではなかった「支那」は、この頃を境として日本人の優越感を満足させる呼称として一般に定着していく。明治には「日清戦争」と相手側を正式な国名で呼んでいるのに、昭和には「支那事変」（プロローグで紹介したように靖国神社での呼称）が起こる。相手の正規の国名は中華民国なのだから、その意味では「日華事変」であるべきだし（実際この言い方もある）、そもそも宣戦布告すらせずに「事変」とは何様のつもりだろう。

過去の中国文化は、武士道を支える精神的支柱として作用してきた。少なくとも、三神はじめ明治時代の武士道擁護論者はみなそう述べる。日本古来の武士道を儒教道徳の旗のもとに定着させた功績を、三神は江戸幕府に帰する。その徳目が「忠孝節義勇武廉恥」であった。

いずれも現代日本の日常語としてはもはや死語の部類に属している。「廉恥（れんち）」にいたっては、わたしのワープロでは熟語変換すらしなかった。少し頭を使って「破廉恥」と変換してから「破」字を消したのである。「破廉恥」は日常化しているが、「廉恥」はワープロ内蔵辞書に存在しない（文庫版注：原書刊行当時）。三神が知ったら、さぞや倫理道徳の頽廃を嘆くことだろう。

儒者による「忠孝節義勇武廉恥」の教育と、幕府による賞罰の執行によって、武士道は江戸時代に日本に根づいたと、三神は述べる。彼がそう主張するのは、彼の時代、武士道を「文明開化に合わない時代遅れのもの」として嘲笑する風潮があったからである。「武士の教育を以て単に弓馬刀槍の技芸に止まるが如く言ふは甚だ誤まれり。何となれば武士の最も貴む所のものは体に形はるるの技芸にあらずして心に伏するの気節なり」。実際の武芸に強くなることが武士道の目的ではない。精神的な修養を通じて立派な人格者となること、そこに武士道の真髄があると、彼は論じる。

自律

三神が第三章において、知識を偏重する風潮や財貨を尊ぶ風潮と並べて、「法治主義」が武士道を衰えさせているとするのも、そのことと関わる。外在的な法律・規則によって他律的に生活を規定される者は、武士ではない。自分で自分を律し、倫理道義を重んずることが、武士道教育の基本だったからである。西洋の物質文明を相対化し、これとは異なる新たな文明のあり方、すなわち「倫理的進歩と物質的進歩とを並行させる」ことこそが、今の日本に課せられた使命であると、三神は述べる。「武士道の用は文明時代に入りて益々大なり」。本篇はこう結ばれている。

三神の主張は、奇しくも同じ年に英文で著された新渡戸稲造『武士道』の趣意とほとんど変わらない。新渡戸も、明治時代の日本の富国強兵の成功を支える教育上の支柱として武士道精神の存在を力説した。キリスト教徒である新渡戸にとっては、内村鑑三同様、それはキ

浮田和民

リスト教にも匹敵するという比較軸のもとに高く評価されていた。三神の場合は、むしろキリスト教に基づく（とされる）西洋の物質文明には敵意をもってそう述べられている点が異なるにすぎない。

だが、その三神でさえも、文明開化については既定路線として肯定する。歴史の進歩を信じ、世界における日本の役割を積極的に示そうとする点で、これは単なる保守反動の書物ではない。日清戦争に勝利したあとの高揚感が生み出した、まさに時代の産物なのである。

浮田和民『帝国主義と教育』

大隈重信（おおくましげのぶ）が創設した東京専門学校（現在の早稲田大学）が積極的に中国からの留学生を受け入れたことはよく知られている。

その東京専門学校の大学部文学科科長に明治三五年（一九〇二）に就任する浮田和民（うきたかずたみ）は、その前年の明治三四年に刊行した『帝国主義と教育』において、アジアの帝国主義国家としての日本のありかたを賛美・肯定した。言うまでもないことかもしれないが、ここでいう「帝国主義」とは、のちほど登場する幸徳秋水（こうとくしゅうすい）が『廿世紀之怪物帝国主義』で糾弾したような、負の価値評価を伴ってはいない。「大日本帝国」の帝国、「帝国大学」の帝国、「東洋の盟主」としての帝国という意味にすぎない。

そこではやはり中国・朝鮮を上から見おろす視線が明瞭である。そうではあるのだが、彼らへの優越意識と、早稲田人としてのアジア人民との連帯感は、浮田のなかで決して矛盾していない。この本のなかで、彼は武士道を表彰する。少しややこしい話題になるが、福沢諭吉や井上哲次郎に関わることなので、紹介しておく。

勝海舟が明治政府の海軍卿を拝命するにあたってこれを批判したのは、一貫して在野にあった福沢諭吉であった。彼は『瘠我慢の説』を著し、勝の出仕は武士道に反すると批判する。これに対して、井上哲次郎が「武士道と将来の道徳」という演説で、今度は福沢への批判を展開する。福沢の勝批判は西洋道徳の視点からのものであり、本来の武士道とは異なる。勝は形としての武士道に反したが、福沢は精神面で武士道に叛いたというのである。イギリス流自由主義者の福沢に対する、ドイツ流国権主義者の井上の日頃の憤懣が爆発したものだろう。

独立自尊

浮田はこの議論を評して次のように述べる。福沢の『瘠我慢の説』の武士道理解が間違いなのは言うまでもない。しかし、井上の福沢批判も的を得ていない。「自由」とか「独立自尊」とかいう用語を福沢が使っているからといって、それがただちに西洋道徳に基づく議論だという証拠にはならない。なぜなら、武士道にたしかにそうした用語は見られないが、その精神においては「自由」「独立自尊」と呼びうるからである、と。この論述のしかたは新渡戸や内村の武士道理解とも共通する。ちなみに浮田は同志社出身のキリスト教徒であった。

独立自尊が武士の本性であるため、武士は刑罰を受けることを潔しとしない。切腹こそが武士の身の処し方である。したがって、戦場においては討ち死にこそがふさわしく、形勢に利有らざる時は自害するのみである。「武士たらん者は降服を為し、若くは捕虜となり、敵人の制裁を待つて死に就くを屑（いさぎよ）しとせざりし」。これは「生きて虜囚の辱めを受けず」という『戦陣訓』の精神とまったく同じである。この感性が「武士道」として帝国軍人に浸透すれば、投降してきた敵に対する軽侮の感情につながることが納得できよう。日本軍の捕虜虐待行為の淵源は、浮田のような武士道鼓吹者（こすいしゃ）たちにあると言わざるをえない。しかし、浮田はこれをもって世界に雄飛する日本人の心性なのだとする。

ここで浮田は、二人の思想家を、世界に普遍的な心性「独立自尊」の根拠として引き合いに出す。その二人とは誰あろう、カントとヘーゲルなのであった。「道徳の大本は、カントの言へる如く、自主自治（アウトノミー）にあり、而してヘーゲルの言へる如く『人たる可し而して人として他を敬せよ』と云ふにある」と。ここにようやく、わたしたちは今回の主題、カント哲学と武士道とを邂逅させることができた。キーワードは「独立自尊」である。

武士道に「理性」あり

なぜカントが明治時代の哲学研究者に好まれたのか？　カントが理性の独立自尊を説いた哲学者だったからである。そもそも、カントの代表作は三批判書であり、そのことは明治の人たちも知っていたが、その批判哲学としての側面はあまり注意されていない。むしろ、批判哲学の検討対象とされている理性というものへの素朴な信仰、カント自身が批判した彼以前の哲学者たちの態度に近いものを感じる。井上はじめ、その論敵たる大西や浮田を含めて、みな一様に理性のすばらしさを手放しで讃えているのだ。

そもそもVernunftを「理性」と訳したのは「哲学」を造語した西周（にしあまね）だった。幕末明治初期の洋学者で、山県有朋に命ぜられて軍人勅諭を起草した人物である。おそらく、仏教用語としての「理性（りしょう）」がすでに彼の念頭にはあったのだろうが、文脈的には宋明理学の「理」と「性（せい）」とを合体させたものと思われる。至高存在（God）はそのもの自体を十全に発現することができ、その至高存在によって人間ひとりひとりの内面にも不完全な形ながら賦与されているものといったら、江戸時代に生まれた知識人が朱子学の「性即理」を連想して不思議はないからである。Vernunftという単語を知る以前から、日本人は「理性」という観念に馴染んでいた。したがって、彼らにとって理性を中心に据えた哲学は理解の容易なものであった。正確に言えば、容易そうに思われた。親近感を持った。ましてや、カントは模範国ドイツが誇る哲学者である。カント哲学は、かつて幼少時に儒教を学んだ人たちによって受容摂取された。

しかも、理性による自主自治は、武士道が推奨する生き方にも適合した。もちろん、その裏側には、江戸時代における武士道の儒教風教義への創造的改編という歴史が作用しており、そのことは三神が指摘する以上に重い意味を持っているわけだが、ここでは省略する。

とにかく、理性的に振る舞うということが、武士道の精神と結合させられた。

私利私欲のためではない。普遍的な至高の価値のために生き、そして死ぬことを武士道は教えていたのだ。文明開化によってその存在意義が滅びるどころか、ますますその重要性が増していることになろうではないか。

3　陽明学の復権

「在野の陽明学」言説の誕生

そして、さらにここに陽明学が結びつく。

この頃は、陽明学がふたたび脚光を浴びはじめた時期であった。前章で紹介した内村鑑三『代表的日本人』における西郷評価も、この文脈に置いてみる必要がある。西郷は決して陽明学者と自称しなかった。彼が敬愛し、その後継者たろうとしていたのは、藤田東湖であった。その点で、彼は吉田松陰と共通する。彼ら幕末維新の志士たちの心を捉えたのは、頼山陽の詩文や藤田東湖の政論であり、それらに見られる水戸学的思考であった。それなのに、彼らは水戸学ではなく、陽明学者に分類されていく。

井上哲次郎は、明治三三年（一九〇〇）に『日本陽明学派之哲学』を刊行する。この本は、『日本古学派之哲学』（一九〇二年）・『日本朱子学派之哲学』（一九〇六年）とあわせて、井上の江戸儒学三部作をなし、彼の学問的業績を代表するものと評価されている。江戸時代の儒学を、朱子学派・陽明学派・古学派に三区分（あるいはこれに折衷学派と考証学派を加えた五区分）する方式は、彼によって整備され、定着した。今でも高校の教科書レベルではこの分類法がまかりとおっており、恥ずかしながら、わたしが関わった倫理の教科書も、そうした分類系譜図を掲げている。ただ、弁解するならば、そこには「明治時代に井上哲次郎がしたもので、当時の人たちの自己認識ではない」と注記してある。他社版にはない見識と自負している。

それはさておき、三部作のなかで最初に完成したのが陽明学を扱う巻だったことは、注目されてしかるべきだろう。なぜか。その「叙論」において、井上は江戸時代における陽明学の存在意義をこう述べる。

朱子学の勃興に伴ひて、之れに反せる古学の大に気燄を揚ぐるあるのみならず、又紫陽（小島注・朱子のこと）と其軌を異にせる陽明学も亦意外の地方より閃として其曙光を洩し、単調一趣の弊を打破するを得たり。

朱子学が徳川体制を支えるものであったのに対して、在野の学問として陽明学があり、人数は少なかったがすぐれた人物を輩出したと彼はいう。ここにおいて、中江藤樹に始まり吉田松陰・西郷隆盛にいたる江戸陽明学の系譜が確立する。実際にはこれに先だって高瀬武次郎が『日本之陽明学』を書き、簡単な陽明学者列伝を作り上げていた。井上はこれに肉付けを施して、現在も教育現場で再生産されつづけている学術思想史の枠組みを確乎たるものにしたのだ。

新渡戸と井上の共演

明治四一年（一九〇八）には陽明学会が組織される。中心人物は東敬治（号は正堂）。彼はそれまで明善学社として活動していた組織を改組して陽明学会とした。その機関誌『陽明学』は、以後毎月刊行されて陽明学の普及活動を展開した。東敬治が執筆した「発刊の辞」では、陽明学は単に孔孟の学にとどまらず天地の道であり、心性を修養することによって現在の軽佻浮薄な風潮を正す効果があると述べる。四年前の日露戦争における日本軍人の壮烈剛毅が平素の精神修養に由来するもので、諸外国からも絶賛されている、陽明学の普及は今日的使命である、と。

陽明学会では、月例の小規模なものをはじめとして講演会・演説会もさかんに催された。そのうち、第一回の大規模な演説会が、会発足の翌年三月二一日に開かれている。一二〇〇人もの聴衆が集まったというが、講師の顔ぶれを見るとそれも頷ける。

大隈重信「演題審かならず、但是が演題」

渋沢栄一「学問と事業」
井上哲次郎「陽明学に就きて所感を述ぶ」
三宅雄次郎「大塩平八郎に就きて」
新渡戸稲造「陽明学の素人観」

大隈と渋沢については、紹介するまでもなかろう。三宅雄次郎は前章に登場した雪嶺。雄二郎と表記されることもある。そして、トリを務めたのが新渡戸稲造であった。

そうなのだ。新渡戸はなんと、この演説会で井上哲次郎と同じ演壇に上がっているのである。新渡戸は当時第一高等学校の校長に就任していた。かつて「不敬」の咎で内村を追いだした学校が、ついにその親友のキリスト教徒校長を戴くに至ったのである。前年には桜井鷗村の翻訳で『武士道』日本語版が刊行されており、この演説会に講師として招かれたのもそのためかと思われる。彼はいつ入会したか不明ながら、この陽明学会の正規の会員であった。

不覚にもわたしは、この稿を準備するまでその事実を知らなかった。陽明学会会員であっては国際派新渡戸の経歴に傷がつくと考えた、新渡戸の後継者たちによる消極的隠蔽工作であろうか。「偏狭な天皇制軍国主義に対する、広い視野を持った批判者」として新渡戸を表象したいという主観的願望が、一高における彼の教え子たちにはあるのかもしれない。矢内原忠雄も南原繁も、新渡戸のこの側面には触れていない。現在刊行されている『新渡戸稲造全集』（教文館）にもこの講演原稿は収録されていない。

キリスト教者が井上に教えを請う?

しかし、そうした思いを裏切るかのように、彼の演説はこの会に対する警戒心をまったく持っていないことを示している。『陽明学』の第九号・第一〇号に掲載された講演記録で見ていこう。まず、「自分は素人なので陽明学について誤解している点があるかもしれない。その時は井上博士に遠慮なく訂正していただきたい」と発言している。これは「教育と宗教の衝突」の著者・井上への皮肉なのか？　そうではなかろう。

新渡戸によれば、クエーカー（Quaker、プロテスタントの一派）と陽明学とは、どちらも儀礼を排して自己の良心を重んじる点でよく似ているという。彼は前の演者三宅雪嶺が取り上げた大塩平八郎を例にあげ、「陽明学をもっと世に知らせて実行的の力を与え、勇気を鼓舞する方法を一般世間に広めるようにしたいのが、私の此の会に対する意見であります」と結ぶ。まるで、自分は札幌農学校に学んだためにキリスト教信者になったけれども、もっと早く陽明学に出会いたかったと聞こえる口振りである。それが聴衆への迎合なのか彼の本心なのかは知る由もないが、少なくともそうした講演をおこなったことの社会的責任は免除されるものではあるまい。

なお、付言しておけば、この頃には井上哲次郎もキリスト教を危険思想と見るのではなく、日本の国体を支える一つの宗教として認めていた。それには日清・日露の二度の戦争を経て、キリスト教教会側も明治政府の政策を基本的に追認するようになっていたこともある。内村鑑三はそうした風潮を批判して無教会主義を提唱したのであった。内村と新渡戸には路線の相違が生じていた。

陽明学会は、前述したように東敬治（彼の父・東正純〈号は沢瀉〉も高名な陽明学者であった）を主幹としていた。会の首席評議員は井上哲次郎である。そのほか、渋沢栄一も評議員として創設当初から会を支え、しばしば集会に自邸を貸している。三宅雪嶺も評議員で、すでに国粋主義運動の中心人物として著名であった。

井上・渋沢・三宅は評議員としてこの演説会の弁士を引き受けたのであろう。もう一人の弁士・大隈重信は政治家にして早稲田大学の創設者である。新渡戸は評議員にこそなっていないが、こうした顔ぶれに混じって一二〇〇人の聴衆に向かい、一高校長の肩書きを帯びて陽明学の将来性を語ったのであった。

陽明学正統は日本にあり？

『陽明学』掲載の論文・随筆の多くは、中国・日本の陽明学者たちの紹介・顕彰を主題としていた。もちろん、日本の陽明学者とされたのは、中江藤樹以下、熊沢蕃山、三輪執斎、大塩中斎らである。中国人の場合では王陽明のほかに、陸象山や劉念台（名は宗周）がしばしば取り上げられる。王畿、王艮ら、現代の研究者が好んで取り上げるいわゆる「王学左派」は、吉田松陰が敬愛していたために李贄がたまに登場する程度で、ほとんど言及されない。

「朱舜水先生終焉之地」の石碑
（著者撮影）

そのことと関わって、彼らの清朝に対する評価はきわめて厳しい。劉宗周が清への降伏を肯ぜずに絶食して死んだことや、朱舜水（名は之瑜）が援軍要請のために一七世紀中葉に日本へ亡命してきたことなどに由来する。また、陽明学が清代に途絶えたこともたびたび強調されている。それどころか、朱舜水を通して日本に陽明学の正統が移ったという史観を表明する文章も見られる。

たとえば、第一〇号所載の石東国（『大塩平八郎伝』の著者石崎東国であろう）の「水戸学と陽明学」は、通常、別個の対立する流派とみなされるこの二つが、実は軌を一にするものだったと論じていく。キーパーソンは朱舜水。体制教学であった朱子学を担う林羅山は、嫉妬の念から徳川光圀・朱舜水を迫害し、そのため以後一〇〇年以上にわたって水戸学と陽明学は流行することがなかった。一九世紀に至ってようやく水戸学に藤田幽谷、陽明学に大塩中斎が現れる。しかも、石崎によれば、「水戸学」なる呼称自体、佐藤一斎がこれを敵視し、平田篤胤の「国学」と同類のものとして批判するために作り出したもので実態には合わず、陽明学と志を同じくするのだという。

「以上吾人は水戸学と陽明学なるものが、如何に緊密なる黙契の下に明治維新の革命を醸成し、鼓吹し来れるかを感ぜずんばあらず」

石崎のこの文章は、わたしのこの本における最も重要な史料であると言ってもよい。

石崎の文章が書かれた三年後の明治四五年（一九一二）、かつて水戸藩邸があった場所に「朱舜水先生終焉之地」と書かれた石碑が建てられた。後楽園のある上屋敷ではなく、本郷通りに沿った駒込の中屋敷である。そこはその二〇年前に「内村鑑三不敬事件」が生じた場所、当時は新渡戸稲造が校長を務めていた第一高等学校の敷地内にほかならない。碑の完成式典には、少なからぬ陽明学会会員が参列した。この碑は東大農学部構内に現存している。

誇るべき「彼らの陽明学」

すでに八〇歳近い老大家となっていた三島中洲も、陽明学会に子の復とともに参加、創刊号以来いくつかの文章を『陽明学』に寄せている。そのうちの一つ、第四号の「陽明学一夕話」にはこうある。「故に陽明学は支那に存せずして、却て我国に存すと云ふを妥当なりとす」。復が東京帝国大学漢文科を卒業し父の後継者として二松学舎を主宰するかたわら、王陽明についての博士論文を執筆したのもこの頃であった。彼らにとって、陽明学は日本が誇る道徳修養の教えであった。

明治維新の「文明開化」を経て、時代の趨勢はもはや後戻りできない。今さら儒教式の礼を持ち出して、国家祭祀から冠婚葬祭にいたる政治社会の実践形式として通用させることはできない。彼らもそのことは自覚していた。そこで彼らが選択したのが、形式をともなわない教説、精神至上主義の教えとして理解されていた陽明学であった。もちろん、現在の思想史研究の成果から判断して、彼らの陽明学理解は誤りである。だが、何をもって「真正の陽明学」と呼べるのだろうか。明代に王陽明が唱えた教説の一部を、換骨奪胎して近代日本に適応させようとした人々がいる。彼らが信じた「陽明学」を「陽明学ではない」と断言的に否定する権利は、わたしにはない。彼らが求めていたのは、王陽明その人の教説に原理的に忠実に生きていくことではなかった。彼らが置かれた時代背景の中で、生活指針となりうる過去の思想的遺産であった。それは「彼らの陽明学」であった。ここでわたしに言えることは、「彼らの陽明学は、王陽明の陽明学ではない」ということだけである。

もっとも、それで彼らが傷つくことはない。彼ら自身、「陽明学とは誰それの固定的教説を指すのではなく、良知にしたがって誠実に生きていく実行主義の精神そのものである」と理解していたのだから。もともと陽明学がそう主張する教説だったからこそ、彼らはこれを選び取ったのである。朱子学や考証学では起こりえないことが、陽明学については可能であった。言説上は陽明学を批判した儒者さえも、その実行主義ゆえに陽明学者と認定されていく。その定義が空洞化すればするほど、「彼らの陽明学」は拡大を続ける。

4　白い陽明学、赤い陽明学

高瀬武次郎『支那哲学史』

陽明学会の評議員のなかには、京都帝国大学で陽明学を講じていた高瀬武次郎の名も見える。彼が中心となって京都や大阪にも陽明学の学習会が組織され、その主講師として活躍しているのだ。彼は井上哲次郎の陽明学顕彰運動を実証的に支える役割を果たし、明治三一年（一八九八）の『日本之陽明学』に続いて、明治三七年（一九〇四）には『王陽明詳伝』を上梓していた。前述した三宅雪嶺の『王陽明』をしのぐ大作であり、附録として「朱子学と陽明学」と題する、その異同を詳論する章が設けられている。明治四三年（一九一〇）には通史として『支那哲学史』を刊行する。

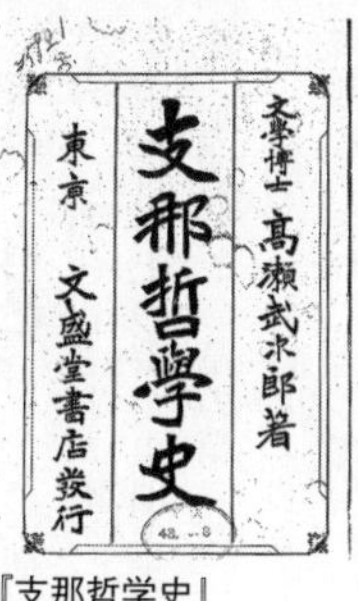

『支那哲学史』

　この前後の時期、内田周平、遠藤隆吉、松本文三郎、宇野哲人らによって、相次いで中国哲学の通史が編まれていた。山路愛山の『支那思想史』も雑誌に連載された。これら、同時期に出た他の中国哲学通史と同じく、高瀬の『支那哲学史』もやはり上世・中世・近世の三つの時期への時代区分を行う。これが西洋哲学史から得た発想であることは明瞭である。

　王陽明は近世（宋代以降）の中にいる。そこでは、程伊川の知行合一説がソクラテスの教説と同じであって王陽明のとは若干異なること、「天理」はカントの「無上命法(Kategorischer Imperativ。今は「定言命法」と訳している概念)」に相当することなどの指摘があり、陽明学を西洋哲学と比較しながら論じる傾向を持っている。

また、「附録」として「儒教の良心説」という章が特別に設けられている。この部分は哲学会で口頭報告されたものの転載である。わざわざこの章をここに設けたのは、彼が良心説を中国哲学上の重要事項とみなしていたこと、その中心的担い手が王陽明であったことによる。実際、この章の第二節「良心説の大要」は、もっぱら王陽明の教説紹介に費やされている。陽明学における「良知」を、西洋哲学風に「良心」と言い換えて中国の道徳哲学の中核に据え、それによって現在の実践的課題への提言とする。要するに、先述した蟹江義丸――高瀬と蟹江は東京帝大での学生仲間であったはずだ――の西洋哲学史におけるカントの位置を、高瀬の中国哲学史では王陽明が占めているのだ。

高瀬は、『陽明学』二六号に「陽明学の利病」という文章を寄稿している。彼は言う。陽明学の利点は簡易直截なことである。しかし、それは同時に弊害をもたらす。「即ち実行を過度に貴重するの結果、前後左右を顧みるの暇なきにいたる」。大塩中斎や西郷隆盛もそうした欠陥を有していた。そして、そのため最近でも危険思想と誤認する人々がいる、と。

大逆事件――陽明学の大ピンチ

この文章は一般論を展開しているだけで、これ以上のことに触れていない。しかし、これが明治四三年（一九一〇）一二月一日発売の号に載っていることが、その直前に起こった重大事件をただちに連想させる。明治天皇暗殺計画事件、いわゆる「大逆事件」である。

この年、一人の男が爆弾を製造して天皇暗殺を企てているとして逮捕された。これを契機に社会主義者の一斉検挙がなされ、翌年一月に幸徳秋水ら一二名が死刑に処せられる。実際には幸徳に天皇暗殺計画はなく、計画の事実ではなく彼らの信念が断罪されたのだというのが、現在、大逆事件に下されている通常の解釈である。

幸徳は内村鑑三らとともに日露戦争に反対しており、政府当局に以前から睨まれていた。三宅雪嶺は幸徳が「大逆」を企てるわけがないと弁護し、幸徳の希望でその遺著『基督抹殺論』に序文を寄せている。なお、検事として彼らに極刑を要求したのは、平沼騏一郎。のちに政治家として首相となる人物だが、一方で無窮会という朱子学系の儒教学習会を主宰する国家主義者であった。

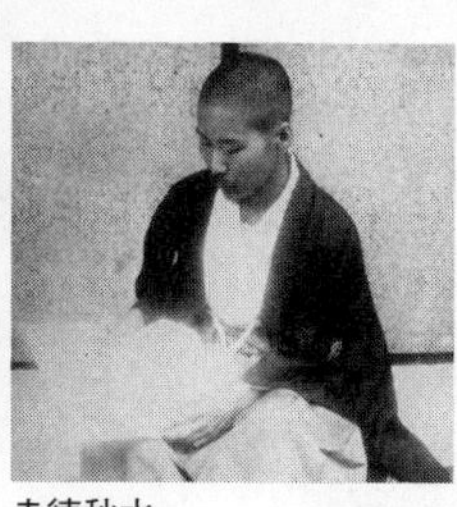

幸徳秋水

中江兆民

高瀬が脅威に感じたのは、幸徳が中江兆民の弟子だったことである。中江兆民は若い頃から西洋の学術を学んでいたが、やがて三島中洲の二松学舎で儒学を修め、孟子や王陽明に心酔する。彼はルソーの『社会契約論』を漢訳しているが、そのルソー受容も陽明学の学習とそれへの心情的評価とつながっていた。

兆民自身はあくまで自由主義者であって社会主義者ではなかったが、幸徳秋水は彼の寵愛する門下生であった。つまり、幸徳は三島中洲の孫弟子にあたる。大逆事件によって反体制思想の烙印を押された社会主義が、陽明学に通じるとの嫌疑を持たれる危険性が生じていた。高瀬の前述の文章は、それに対する予防線を張っておこうということだったのかもしれない。彼の配慮は杞憂ではなかった。しかも、その危険性を公衆の面前で表明したのは、なんと、恩師・井上哲次郎であった。

社会主義と混同されてはならない

幸徳らが処刑された直後の二月、國學院、すなわち「神道精神に基づき人格を陶冶する」ことを建学精神とする学校で開かれた、「大逆事件に関する立国大本講演会」の席上でのことであった。井上が、幸徳が中江兆民門下生であることや、彼と同時に処刑された奥宮健之（おくのみやけんし）の父が陽明学者（奥宮慥斎（ぞうさい））であったことから、社会主義と陽明学の関連性を指摘したのである。

そのことは新聞でもただちに大きく報じられた。陽明学会会員に動揺が走る。『陽明学』二九号の「社告」で東敬治は、わざわざ井上からの私信を転載し、井上が大逆事件の思想背景に陽明学があるとは考えていないことを弁明している。念のいったことに、三一号では高瀬の東宛書簡も載せている。高瀬も二九号の「社告」を読んで安堵したというのだ。予防線を張っていた彼にとってみれば、井上の失言は何とも歯がゆかったであろう。彼ら師弟は二人三脚で朱子学の旧套を批判し、陽明学にこそ文明時代の儒教の真骨頂があると主張してきたのだ。その営々たる苦労が、社会主義者の起こした事件によって崩れ去ることがあってはならない。彼らにとって、大逆事件は正念場であった。

前述の「朱舜水先生終焉之地」碑建立が、翌年夏であったことは、偶然ではあるまい。陽明学会がこの件に積極的に協力しているのは、国体護持教学である水戸学との連携を世間に示し、社会主義者という疑惑を払拭するための行為だったのだ。

精神運動としての陽明学？

その直後、明治天皇が崩御する。その葬送の日、吉田松陰の流れを汲む陸軍の退役大将・乃木希典が殉死した。この事件が森鷗外（もりおうがい）や夏目漱石に衝撃を与えたことは、日本文学史上有名である。乃木はまさにサムライ（＝さぶらう者）として、主君明治天皇の後を追った。

そもそも、井上や高瀬の戦略は、明治維新の原動力として陽明学顕彰運動を進めるというものであり、それが陽明学会の方針でもあった。主幹の東敬治は、天皇崩御を追悼する文章「陽明学より観て拝送し奉る先帝陛下」（第四八号）で、明治時代の諸政策は陽明学の理想が実現したものであり、そうなったのは侍講・元田永孚が陽明学者で、天皇がその感化を受けたからであると論断している。

これに対して、ある一般会員から批判的な書簡があった。元田を陽明学に分類するのは誤りだろうというのである。これに対する第五〇号所載の東の回答「答八重野氏」は、元田を陽明学者と断定した自分の軽率な事実誤認を訂正しつつも、自分がある学者を陽明学者か否か判断する基準は学問系統ではなく精神血脈なのだと弁解している。つまり、陽明学派なる学統が存在するのではなく、その学者が王陽明と同じ問題意識に立って思索・実践したならば、彼はそれだけで陽明学者と称されうることになる。

陽明学会の長老・三島中洲も第四八号の「陽明学研究の心得」で、「陽明学と云ふものには別段読む書物はありませぬ」と述べ、「今陽明学を唱へて居る人は初めは皆朱子学から生れて来たのである、だから朱子学を研究しなければ陽明学がよく分らぬ」と論じている。これはすでに前章で見た彼の持論、というよりその師・山田方谷以来の「日本陽明学」の伝統であった。

だが、東や三島のこれらの発言は、よく考えてみれば自爆作用を持ちかねない危険性を帯びている。「陽明学なる固定的な流派は存在しない」と言っているのと同じだからだ。それなら「陽明学会」に、なんの意味があるというのか。「陽明」という固有名詞には特段の意義はなくなり、「朱子学を学んでいても、その精神が王陽明と同質の人たち」を仮に「陽明学者」と呼んでいるにすぎないことになる。

やっぱり革命思想

自分たちにとって都合のよい材料さえあれば、歴史上の偉人をみな陽明学者に仕立て、その系譜のなかに位置づけたいという欲求が、彼らにはあった。中国では劉宗周や朱舜水以降、陽明学は衰亡した。そのため、辛亥革命で清朝に殉じる士大夫は一人もいなかった。それに引き替え、日本では中江藤樹以来、脈々と陽明学の精神が受け継がれている。辛亥革命の翌年に起きた乃木希典の殉死も、彼に松陰門下として陽明学の素養があったからだと、東敬治は言う。

彼ら陽明学会の人々は、中江兆民・幸徳秋水の系譜を排除しながら、陽明学は国体護持の思想だと強調する。しかし、彼らがそう主張するように、革命思想と陽明学とは無縁なのであろうか。考えてみれば、幕末期において「勤皇の志士」とは革命家にほかならない。東たちの陽明学会が吉田松陰や西郷隆盛を顕彰すればするほど、それは革命奨励につながりかねない面を持っていた。陽明学と社会主義。どちらも快く思わない者にとっては、この二つは同一のものに見えているかもしれない。いや、当の社会主義者自身にとっても、陽明学は自分たちの精神を支える思想教説であった。井上が言ったとおりなのである。

幸徳秋水が中江兆民の指導で『孟子』を熟読玩味したことは有名である。明治三四年（一九〇一）の著書『廿世紀之怪物帝国主義』について、ある研究者は次のように述べる。

本書が「帝国主義」を論ずる前に「軍国主義」を批判し、その「軍国主義」を論ずる前提として「軍国主義」を助長している似非「愛国心」の本質暴露から書きはじめられている所以である。しかも、『孟子』の「惻隠の心」からはじまり、「志士・義人」に訴えて終わる本書は、秋水の思考なかに、いかに根深く儒教倫理が骨肉化されていたかを物語っている。（大原慧『片山潜の思想と大逆事件』論創社、一九九五年、一〇九頁）

幸徳が直接陽明学に言及しているわけではないけれども、孟子の思想としてここで彼が語っている内容は王陽明や大塩中斎が強調した箇所であり、明治時代の日本で「陽明学の精神」として表象されていたものにほかならない。

山川均の回想——社会主義とキリスト教

山川均(やまかわひとし)という社会主義者がいる。天領・倉敷(三島中洲の出身地)で代官所の蔵元を務めていた家の出身で、「御一新」後は商売を営んでいた。均は青年時代から社会主義運動に参加し、明治四一年(一九〇八)の赤旗事件で検挙されて懲役刑に服していたため、大逆事件の時には獄中にあった。出獄後、堺利彦(さかいとしひこ)、高畠素之(たかばたけもとゆき)とともに社会主義運動再建の一翼を担い、大正一一年(一九二二)には中核幹部の一員として日本共産党の結成に参加。のち共産党を離れ、晩年は日本社会党左派の幹部として活躍した。夫人の旧姓は青山、名は菊栄。すでに紹介したとおり、水戸学の家の出である。夫とともに社会主義の闘士として知られる。

彼らが属した戦後社会党の党是は「非武装中立」であった。山川個人は非戦の理想を内村鑑三から学んだと回顧している。昭和二九年(一九五四)に『内村鑑三著作集』の月報一六号に寄せた「内村鑑三と私」で、家永三郎(いえながさぶろう)の所説を引いたうえで、山川はこう述べる。

自由民権運動とふしぎな結びつきをもつキリスト教は、他方では、(中略)唯物論のうえに立つ社会主義運動とのあいだにも直接な結びつきをもっていた。(中略)それらの

> ものの本質的な思想上の関係について、明快な答をあたえることはできないが、そのあいだに密接な関係のあった事実は争うことができないし、げんに私じしんのなかにも、この三つのものが結びついていたように思う。（『山川均全集』第一八巻、一九三頁）

幸徳秋水が、自由民権運動の中心人物・中江兆民の愛弟子であったことはすでに述べた。幸徳は違うけれども、安部磯雄・村井知至・島田三郎・片山潜など、初期社会主義者の多くがキリスト教徒であった。そして、山川自身もまた若い頃はキリスト教徒であった。前章で見たように、明治時代の知識人がキリスト教に入信する基盤が儒学実践への関心にあったことを考慮するならば、「内村鑑三不敬事件」で示した井上哲次郎の警戒心は正しかったことになろう。

山川均

山川自身の回顧談によれば、彼は少年時代にはキリスト教や仏教を外国の宗教として排撃する考え方を持っていた。同志社への入学も信徒だからというわけではなかった。同志社時代に下宿していたのは、井上哲次郎の「教育と宗教の衝突」にキリスト教側から反論した柏木義円の家であった。このほか、浮田和民に教わってもいる。ただ、その頃同志社が正規の学校として政府の認可を受けるために開始した倫理教育（教育勅語を教材とするもの）に反発して退学、東京へ出る。すでに著名であった三宅雪嶺の名に惹かれて東京政治学校に入学、かつての恩師・浮田の講義も受けている。ここで片山潜にも教わり、また幸徳秋水の『平民新聞』創刊に参加して社会主義運動に邁進していくのである。

志士と危険思想家の共通点

山川は儒教や陽明学に言及することはない。ただ、自伝で、同志社時代、本格的な読書としてはじめて暗誦するまで読み込んだ本として、徳富蘇峰（猪一郎）の『吉田松陰』を挙げているのは注目される。

蘇峰も同志社出身で、その著作は広く読まれていた。したがって、後輩である山川が彼の熱心な読者であったことは不思議ではない。しかし、その本が『吉田松陰』であったことは、やはり山川がその後社会主義運動の第一線で活躍することになる、その人格形成のうえで大きく作用したであろう。

山川が読んだ当時の版では、蘇峰は松陰を「革命の志士」と規定していた。あるいは、そもそも、山川自身にそうした「志士」の気質があったのであろう。もし彼が五〇年ほど早く生まれ、江戸幕府打倒のために戦っていたならば、井上や高瀬は躊躇することなく、彼を「維新の志士」として陽明学者の列伝に加えたことと思われる。

明治政府の体制を護持しようとする者たちにとって、過去の「勤皇の志士」は正義の人だが、現在の「社会主義者」は犯罪者であった。吉田松陰や西郷隆盛と、幸徳秋水や山川均とが、実態として異なるのではない。彼らが生きた時代の相違が、井上や高瀬らの陽明学解釈の枠組みに合わなかっただけなのだ。

いや、実際には合致していた。徳富蘇峰は『吉田松陰』から「革命的」という文言を削除した版を明治四一年（一九〇八）に作成する。蘇峰自身の思想が変化して、松陰を危険思想家にしておくわけにはいかなくなったからであった。

かたや、徳冨蘆花（とくとみろか）は、一高生に依頼されて大逆事件直後におこなった「謀叛論」という講演で、吉田松陰と幸徳秋水は同じなのだと論じている。人物の評価は死後すぐには定まらない。松陰神社と豪徳寺の栄枯盛衰の交替ぶりを見よ、と。ちなみに、この講演は物議をかもし、校長の新渡戸は進退伺いまでしている。徳富兄弟の態度は表面的には逆であるが、陽明学と社会主義との共通性に気づいた点では同じであった。

志士精神から二種の陽明学

高瀬は『王陽明詳伝』の末尾を、「陽明学者」吉村秋陽（よしむらしゅうよう）の言葉で結んでいる。曰く、「陽明学は猶お利刀の如し。善く用いずんば則ち手を傷つけん」と。國學院における講演での井上の発言も、本心から出たことばだったのである。

井上は日露戦争勝利の年に『武士道叢書』を刊行する。古今の武士道テクストからのアンソロジーである。その上巻は、勅語や和歌などを列記する序章的な部分のあと、中江藤樹と熊沢蕃山の著作の紹介から始まっている。水戸学ではないのだ。

カント・武士道・陽明学。この一見つながらないように見える「三題噺」は、井上哲次郎という稀代の学者の頭のなかでは連続していた。そして、ここで言われる「陽明学」なるものは、何か確たる実体を伴うわけではなくて、漠然とした「志士精神」にすぎないのであった。

志士は自主独立して考える。だからこそ、社会通念に拘束されることなく志士として振舞える。つまり、ここでも話の向きは逆なのであって、世の決まり事に囚われない人物が志士になる。既成教説に追随するだけの保守主義とは別の、「自分の頭で考えた末の国体護持主義」、いわば白い陽明学が、井上の描く陽明学であった。それに対して、幕末以来の伝統をある意味で正しくうけついで、革命の理想に燃える人士も陽明学に惹かれていた。いわば赤い陽明学である。両者が同類なのは当然のことであった。

陽明学にとっての大正時代は、こういう状況で始まったのであった。

エピソードV　日本精神——観念の暴走

1　ある国家社会主義者のこと

三人の革新思想家

昭和三年（一九二八）四月、宇垣一成の家を三人の男が訪ねてきた。中国ではまさに蔣介石が独裁政権を樹立し、南京から北伐を再開した月であり、済南事件や張作霖爆殺事件など日本の侵略が始まる直前のことである。

宇垣一成

宇垣は陸軍出身の政治家で、すでに数年間にわたり陸軍大臣を務めていた。この時は野に下っていたが、さらに上の地位、総理大臣への野心を抱いていた。世界恐慌が生じるのは翌年のことであるが、それに先だって日本では金融恐慌が発生し、経済的危機に陥っていた。にもかかわらず、拝金主義の政党政治家たちの腐敗ぶり・無為無策ぶりに対する批判的世論が湧き起こっており、そうした革新の潮流があちこちで渦を巻いていた。宇垣もそうしたいくつもの渦のうちの一つの中心だったのである。

宇垣の家を訪ねた三人の名は、高畠素之・大川周明・安岡正篤（やすおかまさひろ）。高畠と大川はこの年四二歳、安岡はひと回り下の三〇歳。いずれもまだ若いが、すでに名の知れた革新思想家であった。

安岡正篤

高畠素之と『資本論』

高畠は明治一九年（一八八六）の生まれ、群馬県出身。群馬は内村鑑三・新島襄（にいじまじょう）・柏木義円をはじめ、プロテスタント系キリスト教徒を多く生んでいる。高畠の少年時代にも活動がさかんで、彼も前橋の教会に通っていた。そして、日露戦争開始の年に京都の同志社に入学する。前章で紹介した山川均は年齢的には彼より六歳年上で、すでに退学していた。そして、山川同様、高畠も同志社を卒業することなく、やがて退学して社会主義者の道を進んでいく。最初は群馬で活動していたが、明治四一年（一九〇八）、雑誌原稿が取り締まり対象となって投獄される。入獄当日、柏木義円は高畠の友人に託して彼に英語版の『資本論』を届けさせた。高畠がはじめて『資本論』を読むのは、獄中でのことであった。

実は、高畠は日本ではじめて『資本論』を完訳した人物なのである。大正八年（一九一九）から一三年（一九二四）にかけてのことであった。社会主義の理論家として当然のことながら、幸徳秋水も堺利彦も山川均も、日本語版が出る以前からすでに『資本論』を読破していた。山川も赤旗事件で入獄した年、英訳版『資本論』を携えていた。偶然にも高畠と同じ年の出来事である（この年、中国にも『資本論』がもたらされたという）。

山川も高畠も、初めは英語訳で『資本論』を読んでいるが、その後、原語であるドイツ語で正確に読むことを志す。明治維新以来の日本の西洋模倣は、原語であるドイツ語でこの難解な経典を読む作法を、社会主義者たちに植え付けていた。それは、彼らより一世代上の哲学者、すなわち蟹江義丸や大西祝がカントの著作をドイツ語で読解したのと、まったく同じ態度であった。あるいは、江戸時代の医学者たちが解剖学の研究を志し、わざわざオランダ語を学習した精神に通じていた。もっと遡って、仏僧や儒者たちが中国書を読み解いた態度と同じであった。

国家社会主義の唯物史観批判

明治四四年（一九一一）、高畠は堺利彦が主宰する売文社に入社する。売文社とは文字どおり翻訳や著述の代行を主業務としていたが、その社員たちは同時に社会主義の活動家でもあった。幸徳秋水が処刑された年のことで、売文社は「大逆事件」後の社会主義運動の「冬の時代」における活動拠点であった。大正五年（一九一六）には山川均も売文社に入社する。山川と高畠。同志社の先輩後輩は、以後三年間、社会主義運動の同志として活躍する。

高畠は『資本論』との出会い以来、それを原語であるドイツ語で読解すべく、ドイツ語の修得に精進していたようだ。売文社での彼の仕事も、ドイツ語の翻訳業務であった。特に『新社会』に連載されたカウツキー『資本論解説』の日本語訳は、その後単行本としても出版された。高畠はこの頃から『資本論』全訳の構想を持つようになったらしい。

大正六年（一九一七）、ロシア革命。レーニン率いるボリシェビキ政権の成立は、日本の社会主義者の間に見解・路線の対立を生じさせた。売文社内でも山川と高畠が対立、翌々年にはついに「協議離婚」の形で、売文社は消滅する。以後、山川は堺とともに紆余曲折しながらもともかくマルクス主義社会主義の旗を掲げていくが、高畠は自称「国家社会主義」に路線を変更する。

このことは現在の日本の社会主義運動史研究では一般に「背教」として処理されているようだが、そう単純なことではないようだ。数は少ないながら、高畠についての研究（たとえば、田中真人『高畠素之──日本の国家社会主義』現代評論社、一九七八年）によれば、それは高畠の冷めた眼、現実感覚に基づいているという。熱に浮かされたような志士仁人的な社会主義活動家が、高畠には我慢ならなかったのだ。高畠は言う、「凡そマルクス説の中で、唯物史観ほど其御祖師と御信徒との間に用語のトンチンカンした学説はない」（『批判マルクス主義』四頁）。この批評はドイツの学者の論争についてのものであるが、山川の『社会主義者の社会観』（一九一九年）のように、唯物史観に全幅の信頼を寄せ、あたかも物理法則であるかの如く、やがては資本主義経済体制が崩壊して社会主義に移行するという楽観的な見解は、高畠の与（くみ）することのできないものであった。山川は政治運動の方針をしばしば変更する性癖があったが、終始一貫して将来の社会主義における世界平和への楽観視があった。それが高畠をいらだたせる。その背景には二人の人間観の相違があった。

性善説か性悪説か

山川は内村鑑三に心酔したということからわかるように、自律的人間の崇高さを信じる立場であった。世界中の人々が戦争の愚かさに気づけば、地上の争いはなくなるという観念的平和論者であった。その基本にあるのは性善説である。一方、高畠はみずから認める「性悪説論者」であった。人間とは本質的にエゴイズムの存在である。彼の国家観もここに由来する。

「斯様なエゴイズムの発動を若し勢いの赴く儘に放任して置くならば、人類の社会的結合は遂に破壊されることを免れない。さればといって、原生的の社会的本能のみを以てこれを統制し調節するということは不可能である。そこで第二次の社会的結合素因として、茲に支配という機能が発動して来る」（『国家主義概説』）

マルクス主義では階級間の搾取が国家誕生の理由だとする。高畠はこれを批判して、階級的搾取が成立する以前から、支配統制するために国家が生まれたと主張する。したがって、彼は社会主義革命によって国家が死滅するという理論を批判する。というより、彼によれば、マルクスの『資本論』の学説に従うならば、社会主義においてこそ国家の役割はいっそう重要になるのであって、国家の死滅を説いたマルクスと『資本論』のマルクスとは矛盾する別の人物のようだとまで述べる。原語からの緻密な逐語訳作業を通じて『資本論』を読み込んだ人物の、自信に満ちた意見表明であった。したがって、高畠はみずから国家主義者ゆえに社会主義者、社会主義者ゆえに国家主義者と称することになる。それが彼の国家社会主義であった。

彼のこの論法に、性悪説の開祖荀子（じゅんし）は登場しない。荀子のみならず、彼の著作に中国の思想家の名が出てくることは（管見の限り）皆無である。古代の人物のみならず、同時代の孫文（そんぶん）や陳独秀（ちんどくしゅう）にも一言半句の言及もない。一九一九年に編集発行した『国家社会主義』誌上でも、同年の五四運動への言及はまったくない。彼の眼中にあるのは西洋の思潮だけであった。したがって、陽明学を主題とする本書にとって、高畠は一見無縁の人物である。にもかかわらず、わたしが彼にこだわるのは、こうした彼の論法、「世の中そんなに甘くないぞ」と論敵をたしなめる言い方に、中国における反陽明学の儒者たちの面影を見るからだ。

性善・性悪の論争は、人間の本性は何かという問題の中心に位置する話題として、古来、東アジアの思想を彩ってきた。西洋哲学が紹介導入される以前、東アジアの用語体系では、それは「性説」と呼ばれた。「原性」と題する論考、すなわち西洋哲学流に〈翻訳〉すれば「人間の本性について」という表題の論文が、韓愈（かんゆ）をはじめとする何人もの思想家によって書かれてきた。そのなかで儒教の主流派となる朱子学や陽明学が性善説の立場から人間の本性を捉えていたことは、あらためて言うまでもない。

「人間学」

一九世紀になって、西洋哲学の枠組みが東アジア古来の思想を解説するものとして使用されるようになると、この問題は「道徳哲学」もしくは「倫理学」の中に位置づけられ、人間学として語られるようになる。「人間学」という表現を今わたしは用いた。これはカントがギリシャ語によってanthropologyと表現したものを指す。現代日本語では通常「人類学」と訳し、実質的には文化人類学や社会人類学の意味で使われているが、もともとのカントの意図としては「人間とは何か」を思索する学問、すなわち哲学的人間学のことであった。性善・性悪論争は、東アジアにおける人間学の展開として、「中国哲学」という学問における重要な研究対象としてあらためて措定された。

東アジア古来の「性説」が「人間学」として表象されるようになった時、その裏側では、西洋の「人間学」が「性説」として受容咀嚼されるという事態が進行していた。いわばanthropologyの本土化・領有化（appropriate）が行われたのである。カントの道徳哲学における理性（Vernunft）が、宋明理学の「性即理」「心即理」のその「理」に相当するものとして受け止められた。前にも指摘したが、そもそも「理性」という訳語自体が、そのことを象徴している。

カントの「徳」

このことと関連して、カント学者の篠田英雄が岩波文庫版『実践理性批判』（一九七九年）の翻訳解説で、次のような指摘をしている。長くなるが、きわめて重要な指摘であるので引用しておく。

> カントの用語の〈Tugend〉は従来、「徳」と訳され本訳書もこの慣用に従っている。（中略）カントを初め彼と同時代の哲学者の著書からの引用語句を収録した「道徳学辞典」によると、〈Tugend〉は「義務の遵奉における格律の強さ」、「道徳的法則が行為者の意志に義務として課するところのものの遵奉における道徳的強さ」などである。ところが「徳」の解には「徳は得なり」（『広雅』。『釈名』）とあり、これに関する釈に「内心に得、外物に得るを謂う」、「徳は是れ行の未だ発せざるものなり」とある。（中略）してみると、徳という訳語は〈Tugend〉に少なくとも正確には相応しないことがわかる。

つまり、カントの道徳哲学に言うところの「徳（Tugend）」を東アジアの「徳」と同じものとみなすと、カント哲学を誤解する危険性があるというのである。誰が最初にTugendを「徳」と訳したのかは詳らかにしないけれども、とにかく一九世紀の日本においてカントの道徳哲学がこの訳語によって東アジアの言語体系（漢字表記）に導入された際、その読者たちが従来彼らが慣れていた「徳」の語感でもってカントのTugendを理解したことは疑いない。篠田によれば——彼のみならず、日本のカント解釈では広くそう認められているようだが――、カント哲学における善と悪の概念は、道徳的法則の定立ののちに初めてこれを規定することが可能となる。この道徳的法則が道徳的意志を規定し、その道徳的意志によって生じた行為を善なる行為とする。「徳は、義務の履行における道徳的な力あるいは強さであり、道徳的法則に従おうとする意志の努力を意味する。（中略）その絶対的完成は、人間においてはついに達成せられ得ない、人間の不完全性は完徳を許さないのである。我々はただこの完成に向って無限に進行し得るだけである」（以上、『実践理性批判』三三五―三三八頁）

末尾の一文は程伊川の「聖人学んで至るべし」を思わせ、だからこそ儒教哲学とカント哲学の類似性が云々されるわけだが、そもそもカントの場合には人間の可能性があらかじめ限定されていることにこそ、その道徳哲学の要点があった。理性を賛美する一八世紀啓蒙思想のおめでたさに対する批判哲学として、カントの思想史的重要性は存在したのである。その背後には、神観念についてのフランス＝カトリシズムとドイツ＝プロテスタンティズムとの相違が横たわっているが、ここでは説明を省略する。キリスト教が元来「原罪」という考え方で人間を論じていたことだけ強調しておこう。

万国の労働者には国家が必要である

ともかく、カントの人間学における「徳」や、プロテスタンティズムにおける原罪について、一九世紀の日本人はかなり無頓着であった。旧来慣れ親しんでいる儒教的な人間観の枠組みに引きつけて、それらを理解していた。マルクス主義者たちの人間観についてもその痕跡が顕著であると、わたしには思われる。革命の主体として彼らが期待する無産階級が、そのままで善なる人間性を実現する存在に見えていた。そこには、町を歩いている群衆が全員そのままで聖人に見えたという王陽明の弟子、いわゆる「満街聖人」の故事と同じ人間観がある。人間は修養する必要がない、良知に任せて振る舞えばよいとする「現成良知」説を唱えた一派との共通性が見られる。ヘーゲル学派の区別に使われる右派・左派という用語を転用して、一九三四年に嵆文甫（けいぶんぽ）が『左派王学』を刊行する。この用語が思想史的に適切かどうかは現在あらためて批判的に検討されているが、ヘーゲル左派からマルクスが巣立っていることを考えると、東アジアにおいて社会主義者すなわち「左翼」が「現成良知」派の人間観を持っていたこと、より正確には、そういう人間観を持っていたからこそ社会主義の実現を信じて革命運動に邁進したことは、実は非常に重要なことだった。高畠はそれとは異なる人間観を持っていたために、「同志」たちのこの楽観論に付いていけなくなったのではなかろうか。

山川を含めて、社会主義者たちはそのほとんどが性善説論者であった。革命が実現してブルジョア政府を転覆しさえすれば、理想郷が現実のものになると信じていた。それゆえ搾取機構たる国家は不要になるはずだった。それは彼らが「万物一体の仁」を信じているからである。もちろん、言葉として彼らは「万物一体の仁」と言うわけではない。彼らが使うのは、マルクスが『共産党宣言』を結んだ有名な句、「万国の労働者よ、団結せよ」であった。高畠は、この語の虚妄性を指摘する。労働者によるインターナショナリズムは夢想の産物でしかない。むしろ、「大衆の胸底には愛国の至情が燃えている」。社会主義とは、彼らに国家を取り戻してやる運動のことである。国境を越える世界性を本質とし、それゆえ個々の国家の敵となるのは、むしろ資本家だと、高畠は述べる。この点で、彼は冷徹に現実を観察しており、それゆえ逆説的に大川周明のような国粋主義の理想家たちと一脈通じ合うことになる。

当時、高畠をめぐって複数の政治的動きがあった。彼を党首として無産階級のための政党を結成し、国会議員を輩出させて革新政権樹立の基盤にしようというのである。冒頭で触れた宇垣との接触はその一環であった。だが、天は高畠に味方しなかった。彼は胃癌のためその年の末、昭和天皇の即位式典が華やかに挙行されるなか、急逝する。

いや、天は彼の節操を守るために寿命を奪ったのかもしれない。『資本論』完訳者は、大川のように「戦犯」の椅子に座らせられることなく、死の眠りについたのだから。

2　西洋思想で説く東洋の革命

大川周明、キリスト教に入信せず

大川周明は高畠と同じ年に生まれた（高畠は一月、大川は一二月）。生まれたのは山形県庄内（しょうない）地方。庄内藩は奥羽越列藩同盟に加担したため、厳罰を受けることが予想された。ところが、西郷隆盛の指示で、なんら厳しい措置はなかった。このことに恩義を感じて、庄内の人々は西郷贔屓となる。大川はこうした環境で育ち、終生西郷を尊敬していた。大川は、西郷が好んだ「敬天愛人」という語に基づく倫理思想を構築している。

さらに、もう一人。幕末の儒者・横井小楠(よこいしょうなん)も、大川が尊敬する人物であった。その機縁は、大川が熊本の第五高等学校(現在の熊本大学)に学んだためである。横井は熊本の人で、教育勅語の起草者・井上毅と元田永孚の師である。大川の横井評価については、のちにまた触れることにしよう。

明治三九年(一九〇六)、五高在学中に、彼は学生運動の指導者として活躍した。と言うのは、ある学生が父親の権威を利用して、制度上は禁止されていた一高への転校をしたことに対する、抗議運動が生じたためである。大川は論客として五高の校長を糾弾し、一躍有名人になった。なお、この事件の時の一高の校長は、かの新渡戸稲造である。新渡戸はこの不正を黙認して、当該学生の転校を認めている。彼が強調する「武士道精神」には背かないのだろうか。五高のほうの校長は、このあと潔く引責辞任した。

大川は故郷にいる時からキリスト教の教会に語学の勉強に通っていた。また、熊本は明治時代のキリスト教の拠点の一つだった。したがって、大川の思想形成にキリスト教は大きな作用を及ぼしている。しかし、それにもかかわらず、大川は入信していない。彼は晩年に次のように回顧している。

「一切の外面的要素を取除いた後に、イエス自身の純一平明な福音が残る。(中略)若し基督教が此の至極の一大事を忘れ、在来の信仰や儀礼に飽くまで執着するならば、仏教の場合が然る如く、恐らく知識人の宗教的要求を満足させぬであろう」(『安楽の門』)

これによれば、彼がついに入信しなかった主たる理由は、既成のキリスト教会が持っている信仰と儀礼の体系であったことがわかる。内村や山川・高畠と共通する心性である。逆に言えば、イエスの教説そのものに対しては、大川は好意的であった。宗教を哲学的に考究することが、彼の関心事となった。彼が東京帝国大学の哲学科に進学したのも、そのためであった。

大川周明

漢学の逆襲

在学中の雰囲気を彼はこう述べる。「恰も徳川時代の儒者が孔孟を崇拝したように、西欧特に独逸哲学に対する尊敬の念に満ちて居た」と。井上哲次郎はもちろん健在だった。しかし、大川は姉崎正治が講ずる仏教哲学の授業に惹かれ、宗教学を専攻する。宗教学といっても、カント、ヘーゲル、シュライエルマッヘルの流儀である。そのころキリスト教から分かれて組織された「道会」という組織に加わり、研究対象としては印度哲学およびイスラム教を選んでいた。大川は学究の道を歩んでいた。それがさまざまな偶然の作用によって、国家主義・民族主義の政治運動に関わることになる。

彼自身そのことを「日本人の自由なる精神に立ち帰った」と表現している。以上の大川自身の記述に基づいて、大川の世代になると先に西洋思想に親しみ、あとから東洋の伝統思想を発見する経過をたどるのだと分析する研究もある。しかし、わたしはそうではなかろうと思う。大川にとって、幼少の頃に読まされた中国古典は、素養としてその知識の基盤をなしていたのだ。その上に大学での西洋流儀の哲学・宗教学という学問が摂取されたが、下層にあった東洋思想がそれに刺激されて発酵し、再び表面に浮き上がってきたのである。

「なにしろ漢文はものすごく読めたらしい。熊本の五高では、漢文教師の代講をして、王陽明の『伝習録』を生徒に教えたそうです。（中略）この話は大内兵衛（おおうちひょうえ）さんからうかがいました」。竹内好（たけうちよしみ）は、ある講演でこう披露している（「大川周明のアジア研究」）。大内兵衛は五高で大川の二学年後輩。のちに山川均と行動を共にする社会主義者である。竹内は言う。「大川の教養の根幹にあるものは、漢学、とくに宋代儒学だと私は思います」。さらに竹内は、大川がカント、ヘーゲル、シュライエルマッヘルの思想を整理する方法に、「漢学の素養がきわめて巧みに利用されている」と評する。同感である。竹内の大川評価はさすがに鋭い。竹内は、大川を単なる「日本型ファシストの一典型」とのみ見るのではなく、「独立した思想家」として捉える視点の提示に成功している。

武士道による人治

大正一三年（一九二四）、大川は安岡正篤らとともに行地会を結成する。二年後には論文「特許植民会社制度の研究」によって、東京帝国大学から法学博士の学位を受けた。主査は吉野作造。大川はこの頃、『日本及日本人の道』『日本精神研究』といった、日本精神を強調する書物を相次いで著している。

『日本精神研究』は、内村鑑三の『代表的日本人』と同じく、大川が数名の歴史上の人物を選んで編んだ評伝である。彼が選んだ「代表的日本人」は、横井小楠、佐藤信淵、石田梅巌、平野国臣、宮本武蔵、織田信長、上杉鷹山、上杉謙信、源頼朝の九名。ある研究によれば（野島嘉晌『大川周明』新人物往来社、一九七二年）、彼らは二つの群に分かれる。一つは明治維新関係で、「小楠がその思想と信仰を、信淵がその計画とヴィジョン（vision）を、梅巌がその平民としての社会的準備を、国臣がその心情を表現した」。残る五人は「武人および政治家としての人物批判」で、大川が革新政治の担い手として期待をかけていた軍人に、日本精神史の武人の伝統を継承してほしいという願望を込めたものであったという。つまりは武士道である。上杉鷹山の章で、大川は次のように言う。

> 維新と共に先づ軍人と政治家とが分化した。此の両者は、頼朝以来武士が一身に兼ねたりしものである。軍人の方は、欧羅巴の軍制を採用しつゝ、而も単なる戦術兵略以外に、軍人たるものゝ精神的鍛錬を重んじ、武士道の本領を飽迄も護持するに非常なる苦心を払つた。（中略）然るに政治家の場合は軍人の如くでなかつた。彼等は（中略）維

新以前の武士が必ず心掛けたる為政者としての人格的修養を放棄して仕舞つた。

彼は西洋における法治に対置して、東洋では人治こそが重要なのだとする。人格者支配である。西洋の政治思想が組織制度に最大の関心を持つのと異なり、東洋では「君主及び為政者の心術を正しくすることが、政治的生活に於ける最大の関心事」だった。東洋には、プラトンやカントやヘーゲルに匹敵する英知が存したと彼は力説する。その典型を、大川は横井小楠に見る。

大川の考える英雄

大川は西郷隆盛・勝海舟と並べて、明治維新の英雄三人のうちの一人として、横井小楠を挙げる。黒船来航時、横井は水戸学の単純な攘夷論者たちを批判した。「たゞ大和魂とやらを振廻す人々」は外国人を禽獣とみなして、かえって国を危うくするであろう。「苟くも吾を用ゐる者あらば、吾れ当に使命を奉じて先づ米国を説き、一和協同の実を挙げ、然る後に各国を説き、遂に四海の戦争を止めるであらう」。横井が門下生・元田永孚に語ったことばである。大川はその見識を高く評価する。「話せば分かる」風の楽観論であり、かつ日米友好の内容であるのが、後年の大川の行状と比較した時に皮肉である。

大川は横井のすばらしさを「精神の具体的発現」として捉える。国家の改造は精神の改造にほかならず、それは真の日本精神に復帰することである。『日本精神研究』はこの視点から書かれた評伝であり、歴史上の人物に託して現代的課題を述べた書物であった。

大川はその精神を陽明学に求めていく。カントの道徳哲学はすでに孟子によって説かれていた。それをさらに展開したのが、陸象山・王陽明であった。彼は陽明学会の人たちとは違って、「横井小楠も陽明学者だ」とは言わない。「決して所謂朱子学派の人ではなかつた」と述べるだけである。しかし、「彼は朱子の書を読んだけれど「朱子の奴隷」となることなく、進んで「朱子の学ぶ所」を学んだ」と評価し、それが孔子・孟子が本来備えていた「儒教伝統の宗教意識」の発露をうながしたとする。

石田梅巌については、朱子学護持者の松平定信が石田の弟子に向かって「それは（朱子学ではなく）心学と云うものだ」と判断したのは適切であったとする。梅巌の思想は朱子学というよりも、陸象山・王陽明の学だからである。自称「性学」であった梅巌の教説が、「心学」として表象されるようになっていく過程を、大川は追認する。書名からしてそうであるように、本書には「精神」という語が頻出する。陽明学の精神の展開したもの、それが「日本精神」であった。

平野国臣は尊王派として江戸幕府に対して挙兵し、敗死する人物。ただ、その章で大川は西郷隆盛も登場させている。平野や西郷の勤皇の精神が、明治維新を導いた。同様に明治維新に向けて儒教の政治思想を展開させた人物として、大川は佐藤信淵を再評価する。佐藤は西洋の模倣を一切せずに、独創的な見識によって「国家社会主義を提唱」した。現代の国家改造論者がみなマルクスの思想に走り、誰一人として彼を顧みないことに対する痛憤の言辞で、大川はその章を閉じている。

革命を担う論理は？　革命の担い手は？

外来の社会主義を信奉する風潮に対する批判。その点で高畠と大川は共通する。モスクワから発信される国際共産主義運動の方針に忠実な共産党組織が、大正一一年（一九二二）、山川均らも加わって結成された。山川が最初は共産党に加わりながら、のちに離脱するのは、西洋を標準として近代日本の発展段階を計ろうとする共産党の机上の空論に違和感を抱いたからであった。その後、明治維新を史的唯物論における世界史の基本法則のうえでどう位置づけるかをめぐって、共産党系の講座派と、山川たちの労農派が対立する。明治維新をブルジョア革命とみなす点で、労農派の歴史観は大川たち国家主義者とも通底するものを持っていた。ただし、高畠や大川は、山川とは異なり、経済の原理が世の中を動かすとは考えなかった。革命を起こすには政治・道徳の論理が必要なのである。

高畠は言う。「彼等はロシアは神様で、日本だけが悪魔だと言はんばかりの口吻を弄してゐる。米国が正義人道主義で、日本が軍国主義だと説くデモクラ屋の口吻と少しも違はない」（『批判マルクス主義』二五二頁）。帝政ロシアが作った対外債務は一切ロシア人民とは関係ないので無効だとしながら、帝政ロシアが「侵略」したシベリアはロシア人民にとっての不可分の領土だと主張する。それでは「何が革命的だかさつぱり分らない」。高畠にとっては、レーニンのロシアも結局は帝国主義にすぎない。「日本人でありながら、欧米人の口車にのせられ欧米帝国主義の立場に身を置いて、日本の態度を彼れこれ抜かす奴等の迂愚を嘲笑する」(同、二五六頁)。

高畠も大川も、政治家としてのレーニンを高く評価している。ただし、彼の走狗となっている共産党系人による評価、すなわち「万国の労働者の解放者」としてではない。ロシアという国家を立て直す国家主義的革命家としてである。それこそが真正なる社会主義者だというわけだ。レーニンはロシアのために革命を行った。それで正しい。ならば、自分たちには日本を革命する任務がある、と。

本章冒頭で紹介したように、高畠と大川が政治面で共同歩調を採る可能性が現実にどこまであったかは検討の余地がある。しかし、その政治観が近づいていたことは確かである。高畠は社会主義者として無産階級に期待する。有産者は地位や財産にこだわってしまうために国家国体に没入できない。無産階級こそが「純粋な心情に於いて皇室を敬ひ国体を尊び、他から教へられずしてその尊厳の前に拝跪する」(同、三三九頁)。

これに対して、大川は上でも述べたように、武士道精神を失った現在の政治家を打倒する力として軍人に期待を寄せる。無産階級大衆を動員して下からの革命を起こすのではなく、一部のエリートたちによる上からの革命である。それがいわゆる五・一五事件につながる。

横領されるアジア解放思想

昭和六年(一九三一)、日本は満州事変を起こして十五年戦争に突入する。しかし、当時の政府首脳は満州国建設に否定的だった。首相の犬養毅は孫文の友人でもあり、軍部の中国侵略拡大をやめさせようとしていた。これに反発する少壮軍人たちが大川を理論的指導者と仰いで起こしたのが五・一五事件であった。犬養は暗殺者に向かって「話せば分かる」と話しかけたが、「問答無用」という返答とともに銃弾を受けた。「話し合いの民主主義」と「暴力的な軍国主義」の対照を示す逸話として大変有名な話だが、より正確には、犬養が話そうとしていたのは、中国国民党への支援に日本政府の公金を使ったことに関しての弁明であったそうだ。だが、ともかく犬養は暗殺された。

この蜂起は規模も小さく、犯人たちはすぐに逮捕された。大川もその黒幕として裁判にかけられ、数年間を牢獄で過ごすことになる。その間に、一時は盟友だった北一輝（きたいっき）が、昭和一一年（一九三六）に、より大規模な二・二六事件を起こした理論的指導者として翌年処刑されている。

出所後の大川は、むしろ日中戦争拡大に反対で、南京攻略作戦を阻止しようとした。また、日米開戦の防止のためにも奔走する。だが、いったん開戦となるや、政府の戦時政策に協力、「大東亜共栄圏」のイデオローグとして活躍する。それは大川にとって青年時代からの信念でもあった。すなわち、西洋の植民地支配をアジアから駆逐し、日本を盟主とする東亜新秩序を建設することである。彼の本来の意図としては、この対外政策は、国内的には財閥を打倒して、国家社会主義的な政府を樹立することと表裏の関係にあったのだが、現実には彼のほうが軍部や財閥に利用される形になった。

敗戦後、GHQは彼を「軍国主義の理論的指導者」のA級戦犯として逮捕し、国際軍事法廷において裁くこととした。ところが、大川は精神病を患っており、公判中に前列にいた東条英機の頭を叩いて退廷を命じられ、やがて入院する。その死は、山川均より一年早い昭和三二年（一九五七）であった。

「孟子は儒教のポーロ」

前述のように、大川は高校時代に教師の代講で『伝習録』を講じたそうだが、大学では印度哲学の研究を志し、やがてイスラム研究に進む。精神病院に入院中は、コーランを『古蘭』と題して日本語に翻訳する作業をしていた。それらと比較して、中国思想に関する著述の量は多くない。そのなかに『中庸新註』がある。朱子の『中庸章句』に依拠しながらも、諸処に彼が持っている現代的関心を盛り込んだ訳注である。その序論では、書名について、「中」は「不偏不党、すなわち正義」、「庸」は「原理」の意味だから、要するに「正義の原理」を意味し、「之を現代語に翻訳すれば、そっくり其儘「道徳哲学」となります」と述べる。『中庸』は、儒教思想の核心をなす道徳哲学だというわけだ。

ここで彼の言い方が、「道徳哲学は〈中庸〉だ」ではなく、「〈中庸〉は道徳哲学だ」であることに注意されたい。同じ事は、彼が諸処で用いる「儒教のポーロ孟子」という表現についても言える。ここの「ポーロ」は、初期キリスト教の布教に活躍した使徒聖パウロのことである。「ポーロはキリスト教の孟子」ではなく、「孟子は儒教のポーロ」という言い方。それは読者に向かって、「あなた方はパウロのことはよくご存じですよね。私の考えでは、孟子という思想家は、儒教において、そのパウロと同じ役割を果たした人なのです」という訴えかけをしていることを意味する。パウロおよびキリスト教が既知のものであり、孟子および儒教が未知のものとして説明を加えられているわけだ。

実はこれと同じ事が、本書のなかですでにあった。ご記憶だろうか、内村鑑三が『代表的日本人』で引用した高杉晋作の逸話である。高杉は「キリスト教は陽明学だ」と述べ、内村は主語と述語を逆にして「陽明学はキリスト教だ」と述べていた。内村自身は高杉同様、儒教を先に知ったのちにそれと類似する、より完全な教説としてキリスト教に接し、これに入信した。『代表的日本人』で彼が「陽明学はキリスト教だ」と述べたのは、読者がアメリカ人だったからである。アメリカ人に陽明学を説明するために、彼はこういう言い方をしたにすぎない。

ところが、大川は日本人読者に向かって「儒教のポーロ孟子」と言う。彼がこういう言い方をした時点ではすでに高杉の時代は遥か遠くに過ぎ去り、日本人にとっても、キリスト教のほうが儒教より馴染みが深いものになっていたことを、この表現は示している。三宅雪嶺は良知の説明にカントを参照したが、王陽明を「中国のカント」とは呼ばなかった。

前述したように、大川自身、少年時代からキリスト教の教会に通っており、大学ではもっぱら西洋流儀の哲学によって印度思想を学んだ。東洋によって西洋を解釈する――たとえば、Vernunftを「理性」、Tugendを「徳」と置き換える――のではなく、西洋によって東洋を説明する時代になっていた。『実践理性批判』が『中庸』なのではない。『中庸』が『実践理性批判』なのだ。「カントの道徳哲学は『中庸』に似ている」のではなく、「『中庸』とは道徳哲学である」と論ずる時代になっていた。

自明となった西欧思想の枠組み

後述するある本の跋文のなかで、大川は次のように言っている。この跋文は、大正一三年（一九二四）一月二六日、「摂政宮殿下の御成婚の夕」という日付を持つ。「摂政宮」とは当時の皇太子、のちの昭和天皇のことを指している。

高等学校大学を通じて、予が専心読破したるものは哲学及び宗教に関する著書であつた。然るに思想問題に関する日本学者の著書は、概ね西欧思想家の紹介か、又は最後の権威を西欧思想家に於て認めて居た。例へば井上博士の日本に於ける儒教哲学を叙述せる著書に於て、西欧哲学者には皆な「氏」を附してカント氏、ヘーゲル氏、ショーペンハウエル氏とあるに対し、日本の儒者は伊藤仁斎、荻生徂徠、大宰（ママ）春台と総て呼捨てゞあつた。（中略）次に井上博士の諸著を初めとし、日本の思想を叙述せるものに、予の哲学的思索の糧たり得るやうに書かれたる一冊の書籍をも見出だし得なかつた。

大川は東大で井上の講義を直接聞き、『日本陽明学派之哲学』を含む彼の日本儒学研究を読んでいた。そして、それに対する深い失望と強い批判をここで語っている。だが、考えてみれば、江戸儒学を「哲学」として叙述すること自体、井上の発明だったのである。ここには、西洋伝来の「哲学」概念を日本に当てはめようと工夫努力する井上たち先行世代と、「哲学」概念の普遍性を自明の前提としたうえで、その日本的独自性を探究する大川たち後続世代との断絶が顕わになっている。

哀れなるかな、井上哲次郎は、大正一四年（一九二五）の『我が国体と国民道徳』において自信満々に披瀝した近代的国体論を、国粋主義者・頭山満たちによって不敬であると攻撃される。内村鑑三に対してなした仕打ちが三五年後に自分自身に対してなされたわけだ。時流は井上のような入欧を志す民族主義から、大川のような脱欧を企てる国家主義へと傾斜していた。

大川と同世代の社会主義者たち（山川や高畠）が東アジアの伝統思想に見向きもしないのは、こうしてみれば当然であった。彼らはすでに自明のものとなった解釈枠組みで西洋の社会主義を咀嚼していた。そして、そのことが、かつて自分もそうであったという反省を含めて、大川をいらだたせているのである。その主犯が井上というわけだ。ただし、大川が危惧するように日本精神が失われたわけではなく、前述のように、当時の日本人の西洋思想摂取は（社会主義者を含めて）東アジア的な人間観に基づいていたと、わたしは考えている。

3　碩学か幇間か

いまだ分かれる安岡正篤の評価

さて、「摂政宮殿下の御成婚の夕」に大川周明が跋文を寄せた、『日本精神の研究』という大川好みの書名を持つこの本の著者、大川に「年若き一同行」と讃えられている人物こそ、宇垣家を訪れたもう一人の国家主義者、安岡正篤にほかならない。昭和五八年（一九八三）に八五歳の天寿を全うしたこの人物については、棺を蓋って（おお）てなお評価定まらぬ状況である。一方には、彼を聖人君子として仰ぎ奉る傾向がある。「歴代宰相の師」というのが、彼に冠せられた称号である。一般書店の東洋思想の書架を見ていただきたい。わたしの著作が置かれていないのはまだしも、名だたる研究者たちの真摯な労作を押しのけて、安岡正篤の講演・語録のたぐいが山積みされている。今なお、旧作がさまざまに編集しなおされて再版され、しかも多くの読者を獲得している。

しかし他方では、彼を軽侮する風潮もある。大学アカデミズムの陽明学研究において、彼の業績に言及することはまったくといってよいほどない。思想家としても、北一輝や大川に比べて格段に低い評価がなされている。政財界の有力者に取り入り、彼らに寄生して名声を得ただけの人物、安岡自身が冗談で口にした「高級乞食」という表現が、批判的評価を下す者によって愛用される。晩年、とある女性と入籍騒動を起こしたことも、その評判を損なっている（彼女はテレビにもよく出ていたが、「個人情報保護」の観点から名は伏せておく）。また、安岡というと、終戦の詔勅の漢文体に修文をほどこし、特に「万世の為に太平を開かむと欲す」という、宋の儒者張横渠（ちょうおうきょ）の文言を取り込んだことでも有名である。

『日本精神の研究』

現在のところ、わたしもまだ安岡をどう評価すべきか定案はない。ここでは前述の『日本精神の研究』を史料に用いて、武士道と陽明学との関わりについてだけ瞥見することにしたい。この時、安岡は二七歳であった。東京帝国大学法学部政治学科を卒業してまだ二年しか経っていない。当時、法学部では吉野作造や新渡戸稲造が教鞭を執っていたわけだが、安岡は彼らの影響を受けることはなかった。他方、国家主義的な教授たちの薫陶を受けた気配もない。その東洋哲学研究は独学でなされたと言われている。

『日本精神の研究』は次のような構成を持っている。

序論　日本民族の自覚
第一章　自覚の世界に於る根本的態度
第二章　崇厳なる自由——道元禅師の生涯と其の戒法
第三章　人格と生活——偉大なる芸術的人格熊沢蕃山
第四章　学問と義憤——大塩中斎論

第五章　日本精神より観たる無抵抗主義的境地——ガンディズム（Gandhism）墨家及武士道に就いて
第六章　剣道の人格主義
第七章　二天宮本武蔵の剣道と心法
第八章　武士道より観たる念仏と禅
第九章　敬と知と勇（行為と直観）——蒼海副島種臣伯について
第十章　行蔵と節義——高橋泥舟論
第十一章　永遠の今を愛する心
第十二章　日本の婦道
第十三章　日本と天皇
跋二題　八代六郎　大川周明

大川と並んで跋文を寄せた八代六郎(やしろろくろう)は、大川も尊敬していた軍人（海軍大将）で、三島中洲とも親交のあった人物である。この八代の推薦で、この年から翌年にかけて、安岡は本書をもとに海軍大学校で「武士道哲学新論」という講義をおこなった（のちに『士学論講』として公刊）。『士学論講』では道元・武蔵・副島のほか、山鹿素行が取り上げられている。なお、この『士学論講』も平成一五年（二〇〇三）に、彼の教えを奉ずる人たちによって、『ますらをの道』と題する新装普及版として刊行されている。

「人格」評価──井上哲次郎の枠組み

本書で「人格」という語が頻出することは、目次を見ただけでもわかってもらえるだろう。実はこの「人格」なる用語を、ペルソナの翻訳語として定着させたのが、井上哲次郎であったという研究がなされている（佐古純一郎『近代日本思想史における人格観念の成立』朝文社、一九九五年）。その意味では、跋文で大川がけなすほど井上は無能なわけではなかった。と言うより、大川にしろ安岡にしろ、井上の構築した枠組みの中で新たな意匠を凝らして「日本精神」を説いていたにすぎないのである。

たとえば、大川が『日本精神研究』で、安岡が『日本精神の研究』で、ともに顕彰している宮本武蔵。生涯に六〇回の決闘をして全勝したといわれている（正確には、彼自身がそう自伝に書き記して誇っているだけだが）。ただし、大川や安岡が武蔵を讃えるのは、単に強いからではない。むしろ、彼の精神性、すなわち「人格」への評価なのだ。「武士道では剣の実力よりも心の修養が重視される」としていた三神礼次の『日本武士道』を想起していただきたい。そしてなんと、井上哲次郎の『人格と修養』（一九一五年）のなかに宮本武蔵を論じた論文「宮本武蔵と武士道」がすでにあるのだ。

江戸時代において、宮本武蔵は大衆芸能のなかで、単に決闘に強い男として描かれていたにすぎない。新渡戸の『武士道』に、人格的に傑出した人物として宮本武蔵は登場しないことから判断して、一九世紀末の時点でも同様だったと思われる（『日本武士道』には「宮本無三四」として弁慶や赤穂浪士と並べて登場する箇所がある）。

二〇世紀になって、宮本武蔵は武士道精神の体現者として再評価されるようになる。井上論文はそのはしりであろう。やがてその故郷には「宮本武蔵生誕地」の碑が建つ。題字を書いたのは、武蔵が仕えていた細川家の子孫、細川護成（もりしげ）。銘文を撰したのは、武蔵と同郷の三島中洲だった。

吉川英治『宮本武蔵』

さらにこの風潮は昭和にはいって吉川英治（よしかわえいじ）が『宮本武蔵』という連載小説を書くことによって、大衆レベルで定着する。実は、かくいうわたしも少年時代に叔父の本をもらいうけて何度も通読した愛読書である。吉川英治の『三国志』がなかったら、わたしは中国研究者になっていなかっただろう。

吉川英治

個人的なことはさておき、その吉川版『宮本武蔵』は、井上のでも大川のでもなく、安岡の論文を基にしている。彼らはかなり親しく往来していたようで、北一輝が思想的に指導した（とされる）二・二六事件の際には、吉川は安岡の家に避難して『宮本武蔵』の執筆をしたという逸話もある。

「井上武蔵」や「大川武蔵」と比較した場合の「安岡＝

吉川武蔵」の特徴は、人格修養の極端な強調であろう。『日本精神の研究』で宮本武蔵の章の題に「剣道と心法」と、技と心の並列表記がされていること、前後の章が「剣道の人格主義」と「武士道より観たる念仏と禅」であることからも、すでにその様相が窺える。もちろん、井上も大川も宮本武蔵の人格や精神性を重視する。ただ、井上は武蔵の二刀流を、西洋と東洋の二つの文明を一つの人格に同時に体現することの象徴として現代的に読み換えて、独り悦に入っている。大川は、王陽明との類似性を論じながらも、結局は「彼れの風格は些の支那臭なく、印度臭なく、実に徹底して日本的である」と結ぶ。

それにひきかえ、安岡の場合には、武蔵の生き方を、剣術を通じての自己修養として、悩める青年がいかに向上していったかという切磋琢磨の事例として強調しているのだ。この主題を中心として、彼について大衆芸能で昔から語られてきたさまざまな逸話を時系列的に並べて長編小説に仕立てれば、吉川の『宮本武蔵』ができあがる。やや過褒な表現をすれば、『宮本武蔵』は日本近代が生んだビルドゥングスロマーンであった。

現場主義が集めた支持

安岡自身、剣道の名手であったといわれている。井上や大川の風貌からは、彼らが竹刀を振り回す姿は想像しにくい。この二人は本質的には書斎の学者であった。それに引き替え、安岡は現場主義の活動家であり、自己の信念を熱く説く弁舌の技にも長じていたようである。武術に長けていて話がうまいという点で、彼は王陽明の後継者であった。

安岡は刀剣を「精霊の発現」とする。剣（日本刀）に対する一種の物神化が行われている。この章の結びは次のとおり。

彼の生涯を観じ、彼の工夫行道を尋ねることは、現代の頽廃せる人々をも断じて向上せしめずには舎かないであろう。現代は余りに遊戯が流行している。魂をこめた自己の磨錬がない。禍であると思う。

修行者としての武士。それは机の上で書物を読んで観念的に道徳哲学をもてあそぶのとは、まったく異なる事柄であった。行為のなかで修養を積んでいく姿は、まさしく王陽明の「事上磨錬」である。安岡陽明学の特徴はそこにあった。為政者として経営者として、現代社会の諸現実にいかに立ち向かうか。具体的な政策や経営技術ではなく、そのための精神を観念論的に説き、そうした政治・経営の現場において実践していくことの重要性を説教することで、安岡は政界・財界に支持者を獲得していった。

安岡の教説になんら新味はない。だが、彼が中国古典の豊富な知識――机の上で彼が得たもの――を駆使して語る、わかりやすい人生哲学は、学術的・「煩瑣（scholastik の訳語）的」な思索を得意とはしない政治家や経営者の心をつかんだ。カントが人間性についてどう言っているとか、マルクスの説によると生産関係は今後どうなるとかいうことではなく、「東洋の先哲」たちのありがたい教説と彼らの生き方を安岡に教えてもらうことで、この人たちは安心したのかもしれない。安岡が敗戦後も影響力を保持した理由を、現時点でわたしはそう考えている。

その意味で、彼自身が「堪へ難きを堪へ、忍び難きを忍び、以て万世の為に太平を開かむ」としていたのかもしれない。

［付記］なお、本章執筆にあたっては、大川や安岡と直接お会いになったことがある石田雄先生からお話を伺う機会を頂戴した。「主要参考文献」には挙げられないのでここに特記する。

エピソードVI　闘う女、散る男——水戸の残照

1　水戸の血と死への美学

原爆の傍らの山川菊栄

昭和二〇年（一九四五）八月一五日正午、ラジオからは安岡正篤が文飾した終戦の詔勅、いわゆる玉音放送が流れた。

山川均・菊栄夫妻は、広島県府中(ふちゅう)の疎開先でその放送を聞いていた。均の親戚のところに身を寄せていたのである。住まいのあった神奈川県の藤沢は米軍上陸予定地点のそばだからという理由で、被災を避ける目的での疎開であったにもかかわらず、その九日前、広島市内は人類史上空前の惨害に見舞われていた。戦時ゆえの情報統制があったにせよ、近傍のこの地ではすでに何が起こったかの察しはついていた。「何やら新兵器が使われて人も市も一瞬にもえたという話が私たちの耳にはいったのは事件の翌日だった」（「火攻め・水ぜめ」『山川菊栄集』第七巻所収）。彼ら夫婦の耳に「万世の為に太平を開かむと欲す」の一句はどう響いたのであろうか。菊栄の祖父・青山延寿の同僚・藤田東湖が使った語に基づく「英霊」

たちのことを、彼女はどう思ったろう。

至福を破られた平岡公威

同じ放送を、東京世田谷の豪徳寺（井伊家菩提寺にちなんだ町名）では平岡公威という文学青年が聞いていた。のちに自作に登場する「英霊」に、昭和天皇の人間宣言に対して「などてすめろぎは人間（ひと）となりたまひし」と恨み言を言わせた人物である。藤田東湖の息子小四郎に与し、天狗党として処刑された松平頼徳を「曽祖母の兄」として持つこの青年は、東京帝国大学法学部の学生として、高級官僚になるための修業中の身でもあった。平岡は、同年輩の多くの青年がサムライとして戦地で「英霊」になっていくなか、徴兵されながらも身体的な理由で帰宅させせられていた。その鬱屈が戦時中の文学活動へと彼を駆り立てていたのか。その状況を、かつてわたしに「国語」を教えてくれたある研究者は平岡が死ぬちょうど半年前の発行誌でこう論じている。

「戦争」という状況の渦中で「自分一人だけの文学的快楽」の一種の「無重力状態」に至福感を感受している小さな個人、その至福状態が一つの動かしがたい現実であったとすれば、その至福状態が破られる「不幸」もまた動かしようのない現実に他ならなかった。（栗坪良樹「八月十五日」『国文学』十五巻七号臨時号）

非常時に「文学的快楽」に酔っていた青年は、「万世の為に太平を開かむと欲す」る「すめろぎ」の決意によって夢から覚まされてしまう。もし敗戦がなかったら、平岡はごく普通の高級官僚になっていたかもしれない。しかし、軍事的敗北という現実が、彼を文学という美の世界のなかで、日本の高貴さを護持・顕彰する夢を追う道へと向かわせる。わたしたちはこの青年のことを、普通は「三島由紀夫」という筆名によって呼んでいる。

対極を結ぶ血脈

山川夫妻と三島由紀夫に、生前なんらかの接点があったわけではない（もちろん、互いに互いの存在を目にし耳にしていたには違いないが）。世代的にも、三島は均とは四五、菊栄とは三五の年の隔（へだ）たりがあり、親子、事によったら祖父母と孫の関係である。

にもかかわらず、本書最終章でこの両者を並べて描こうとするのは、わたしにこの両者を結ぶ糸が見えたからである。正直に幕の裏側の話をすれば、当初本書の構想をいだいた時点で、わたしはまだ次の事実を知らなかった。近代日本の陽明学について語るならば、山川均と三島由紀夫ははずせないと判断して調べるうちに、彼らに共通する「血」の問題を知って愕然としたのである。あたかも神の見えざる手があらかじめそう仕組んでおいたかのように。

わたしを驚かせた事実とは、すでに本書のエピソードⅡで紹介し、また上でも再度確認した彼ら（正確には均ではなく妻の菊栄のだが）の祖先のことである。

山川夫人が水戸藩儒・青山家の血を引くことは、彼女自身が『おんな二代の記』などで書いていることもあって、比較的よく知られている。単にわたしが数年前まで知らなかっただけのことかもしれない。厳密には菊栄の母・千世——その名が「万世の為に」と同義語とは、なんと皮肉なことだろう——は森田家に嫁し、そこで菊栄をもうけたから、彼女は「森田菊栄」として生まれたのだが、青山家を存続させるための戸主として改姓していた。「山川夫人」になるまで、独身時代の社会主義活動家としての彼女は「青山菊栄」だったのである。

一方、三島由紀夫こと平岡公威の祖父・定太郎は、二松学舎や東京帝大で学んだのち、永井夏子と結婚した。夏子の父・岩之丞は（婿養子のためDNA的には無縁だが）幕末の軍艦奉行だった永井尚志の跡継ぎである。尚志は榎本武揚や土方歳三や（三島中洲の主君）板倉勝静らとともに、薩長軍と戦って箱館まで行った人物であった。平岡定太郎がのちに（北海道よりさらに北の）樺太庁長官になるのも運命のいたずらだろうか。そして、永井岩之丞の後妻すなわち夏子の母・高子（高姫）こそ、宍戸藩主・松平頼徳の妹であった。

とにかく、山川菊栄と三島由紀夫がともに水戸学ゆかりの血を引くことに、わたしは深い衝撃を覚えた。もちろん、彼ら以外にも水戸藩の関係者は何万人とおり、そのなかでのこの二人のつながりは単なる偶然にすぎないかもしれない。しかし、戦後日本を考えるうえで対極的な思想傾向を持ち、ある意味で象徴的なこの二人がいずれも水戸学ゆかりということに、ふつふつとした意欲が湧いたのである。もしわたしが（三島のように）文学者であったなら、彼ら二人を主人公にした戯曲を書いたことであろう。片や共和国、片や帝国。どこかの映画のサガに似て、この対立抗争の物語はエピソードVIで完結する。それも意外な形で。

水戸学と陽明学、ここに交わる

しかし、本書は残念ながらフィクション作品ではない。史料により再構成された事実に基づく記述しかできない。したがって、この二人が同じ場面に登場することはない。だが、本章冒頭の玉音放送がそうであったごとく、同じ時間を生きていたこの二人を絡ませることは可能である。それに何よりも、菊栄は長寿だったために「三島事件」を知ることすらできたのだ。息子のような歳の人物——実際、彼女の長男・振作（しんさく）は三島より八歳年長である——のあの壮絶な最期を、彼女は見る立場にあった。政治的には対極にある者の行動として。自衛隊に決起を促して散った男と、非武装中立のために闘った女との、交わりそうで交わらぬ協奏曲（競奏曲）をもって、本書を結ぶ構想がこうしてわたしの頭のなかに芽ばえた。そして、そうすることによって、水戸学と陽明学という、一見相反する二つの流派が、実質的には同じものとして近代日本にいかなる作用をしてきたかを、まとめることができるように思われたのである。

前置きはこれくらいにしよう。まずは広島疎開から藤沢に戻った山川夫妻の話題からである。

2 「青山菊栄」の戦後

婦人参政権実現の高揚

山川均は軍国主義打倒を訴えた「人民戦線事件」により、戦時中は被告として訴訟中の身であった。だが、敗戦でこの事件そのものの違法性が無効とされ、彼は昭和二一年（一九四六）一月に、ふたたび、今度は官憲の目を懼れることなく「人民戦線」を提唱する。翌年七月には夫婦そろって日本社会党に入党、共産党の武装革命路線とは明確に一線を画する議会政党として、社会主義の実現めざして運動を継続することとなった。

社会党はこの年五月に施行された新憲法のもと、六月には片山哲（かたやまてつ）を首班とする連立政権を運営する与党となっていた。戦前の非合法反体制運動経験が長い山川夫妻にとっては、感無量のことであったろう。菊栄はさっそく新設された労働省の婦人少年局長に抜擢され、社会党員でありながら官界で活躍することになる。やがて講和問題をめぐって社会党は二派に分裂、山川均は大内兵衛（かの大川周明の五高での後輩）らとともに左派の社会主義協会重鎮となる。均は昭和三三年（一九五八）に世を去るが、菊栄はその翌年には中国政府の招待で国慶節に参列するなど、憲法擁護、日中友好、非武装中立、女性解放を旗印に健在であった。作家・三島由紀夫が表明していた政治的見解と、ことごとく対立する内容である。

昭和二一年、GHQの指導のもとに改正された選挙法で婦人参政権が認められたことの興奮を、山川は一種の檄文ともいうべき文章のなかで次のように表出している（「解放の黎明に立ちて——歴史的総選挙と婦人参政権——」『山川菊栄集』第七巻所収）。

婦人参政権はわが国の歴史に一時期を画する歴史的な出来事である。私たちはこの解放の第一歩をあくまで良心的に、厳粛な気持でふみ出さねばならぬ。他からしいられず、他をしいないことこそ民主主義の本質であることを心にとめて、たれに投票するか、何党を支持するか、または投票するかしないかも、すべて自己の意思によって決定せねばならぬ。できるだけ多くの人々の意思を聞き、それを参考とし、みずから学び、みずから考えた上で、最後の決定をみずから下すべきである。要はあくまで良心的、自主的であれといいたい。（中略）無知は無知でよい、恥ずるに及ばぬ。それは女の罪でなく、過去の日本の罪なのだから。女よ、包みかくすことなく、恐れはばかることなく、大胆に率直に自己の意思を示せ。解放の第一歩はそれである。

山川菊栄

この底抜けに明るく楽観的な見通しを嗤う資格はわたしにはない。彼女が三〇年以上にわたって闘ってきたことがようやく実現しそうだったのだから。それが証拠に、社会党首班政府まで実現してしまうのだ。女

民主的に選ばれた「逆コース」

だが、女性まで含めての普通選挙は、社会党に絶対多数を与えることは以後もなかった。「自己の意思によって決定」したはずの有権者は、選挙を重ねるごとに（彼女らに言わせれば）保守的で封建的な政党への投票を増やしていった。「他からしいられず、他をしいないことこそ民主主義の本質である」からには、その意向を尊重せざるをえない。たとえそこに露骨な買収や縁故投票があったにしても、それもまた有権者が「良心的、自主的」に選んだ結論なのだ。「民主主義」は社会党、それもサンフランシスコ会議での講和条約締結に反対する左派には、冷たかった。「逆コース」の時代が始まった。

昭和二七年（一九五二）、立太子式典で吉田茂（よしだしげる）首相が「臣茂」と発言したことが話題となった。彼は国会演説に「国体」という語も復活させた。「国体」――山川菊栄なら、吉田に向かって「私の曽祖父の友だちだった会沢さんが発明した言葉を、あんたらが気安く使うな！」という形の叱咤もできたはずである。だが、彼女をいらだたせたのは、こうした「逆コース」が政府与党の上からの陰謀ではすまされぬ、それこそ大衆的基盤を持っていたことであった。

ある小学校では、講和条約発効の当日、いわゆる独立の日に国旗をかかげなかったので、ＰＴＡから文句が出たとか。ここの学校もＰＴＡの圧迫があるかどうかは知らず、民主主義への前進よりは皇室中心主義への逆転が感ぜられる。こうして「天に代わりて不義を伐つ」とかいって、軍国主義の犠牲となったかれらの父親たちの二の舞いをさせられては、地下の「英霊」が泣くだろう。いつのまにか忠魂碑も復活している。この前で子々孫々、同じ君が代と君が代行進曲に酔わせて犬死にさせ、同じ忠魂碑に祭りこむことを誓おうというのだろうか。（「「臣茂」と君が代行進曲」『山川菊栄集』第七巻所収）

たしかに彼女たちの主張では「英霊」は「軍国主義の犠牲」者であった。過ちは二度と繰り返しませんと謝罪・哀悼する対象である。しかし、もともと彼女の祖父の友人藤田東湖の説によれば、英霊とは天地の正気が集まって正しい道理を実現して死んでいった祭祀対象（カミ）であり、決して（後年小泉首相が言ったように）「心ならずも戦場で命を落とした人たち」の謂（いい）ではなかったはずである。少なくとも、「臣茂」や某小学校のＰＴＡはそうした感性を持っていたのだ。

陽明学的性善説、その実現した国家とは？

彼女はこの文章の結びで、新聞雑誌の論調が一見「逆コース」警戒でありながら、社会面で立太子だ七五三だとそれをあおっていると批判しているが、それはそうした記事に国民的需要があるからだということには言及しない。吉田茂のような官僚出身政治家の「優越感に満ちた高慢な態度」を批判しながら、自分もまた政治的エリート主義に陥っていることには無感覚なのである。そしてあくまで自分こそが真の民意を代表していると主張する。民意は皇室報道を求めているのに……。そこには、匹夫匹婦の良知を信じた性善説、陽明学的心性の陥穽があった。やはり、高畠素之のほうが正しく民意の所在を理解していたというべきだろう。

彼女の純情ぶりを責めるつもりはない。中国に招待され、犬の姿が見えない理由を尋ねて「狂犬が多く出てしまつに困り、片はしから撲殺したので、犬は影を消し、今ではどろぼうもないので飼犬の必要もない」と説明されると素直に納得する(「新しい中国・古い中国」『世界』一九六〇年一月号初出『山川菊栄集』第七巻所収)のを、実は動物性蛋白質の欠乏から食べてしまったのではないかと勘ぐれるのは、その後のさまざまな情報を知っているわたしたちの特権である。そうではあるのだが、この中国訪問記の結びが、中国出国に際しての片山哲団長の次のような注意で締めくくられているのは、彼女によれば「もちろん皮肉ではなく」ということだが、わたしには違う意味で、すなわち彼女のように社会主義の夢を追い求めてきた志士仁人たちの思想と行動への、痛烈な皮肉に聞こえてしまう。

皆さん、これから自由主義国にはいりますから持物には十分気をおつけになって下さい。今までのクセでドアにはカギをかけず、何でもだし放しで外出などをなさらないように、外出は三人以上で。ゆだんのないように願います。

自分たちが数十年来夢に思い描いてきた「社会主義国家」が、隣国で成就していた。その現場を訪れ、実際に「ドアにはカギをかけず、何でもだし放しで外出」できる社会を目にした興奮が、この片山の発言を生んだものだろう。それを記録して公表している——しかも、岩波書店が誇る、日本を代表する最も権威あるオピニョン誌に！　——山川も心底嬉しそうである。いわば、「王道楽土」を見てきた者の感激であった。

「草莽崛起」起こらず

だがこの社会が「扉に鍵をかけず、道に落ちているものを拾わない」という、そのまま儒教の古典や史書でしばしば天下太平を形容する際に使われたのとまったく同じ表現によって描かれたことは、たとえ具体的な中身は違っているにしても——たとえば男女同権・平等を重んじることなど——、その理想のありようは、儒教信者たちがずっと追求していたものと本質的には一致することを示している。性善説に基づいて、悪い支配者を排除して良い指導者が政権を握りさえすれば太平の世が実現するという、あの夢想である。大塩中斎が、吉田松陰が、幸徳秋水が、大川周明が、そして彼ら社会主義者たちが追い求めてきた理想の政治——。幕末以来、日本の「陽明学」的心性、志士仁人の心を持った人たちは、同じことをいずれも「草莽崛起」によって実現すると説いてきたのであった。そして、日本でもついにその実現の日は近い、と山川は思っていたに違いない。

だが、それは民衆の怖さを知らない、選良の思い上がりにすぎなかった。不幸なことに、彼女は長生きした分、そのことを思い知らされる。彼女の先祖が奉じていた水戸学というエリート主義・権威主義・「封建主義」の教説に対して、彼女はもちろん批判的だった。しかし、自分の先祖と対立していた天狗党批判の文脈で「藤田の家は古着屋あがり」という差別的発言を許容し記録する自分の心性が、実は先祖と同じものだということに気づいていただろうか。

前掲の『世界』の文章が書かれた数ヵ月後、東京は安保条約改定をめぐって革命寸前の緊迫した状況に達したかに見えた。だが、結局は内閣が交替しただけに終わり、左翼運動における社会党の指導力は一九六〇年代に急降下する。山川の、一般民衆とくに女性の「良知」に期待した昭和版「草莽崛起」は空回りに終わった。

藤田幽谷、東湖への冷たい視線

そんななか、彼女は母の故郷・茨城県史の編纂委員に就任する。その成果として『茨城県史研究』に連載され、のちに本にまとめられたのが『覚書　幕末の水戸藩』(一九七四年)であった。この著作は翌年の大佛次郎(おさらぎじろう)賞を獲得している。大佛といえば『天皇の世紀』で有名だが、山川はまさしくその「天皇の世紀」に水戸で何が起こっていたかを、彼女の曽祖父・祖父・母の視線から描き出したのであった。

彼女の母の実家であり、彼女自身が戸主として姓を嗣ぐことにもなった青山家が水戸藩に出仕したのは、彼女の五代前の祖先、興道（おきみち）からであった。役職は朱舜水の祠（ほこら）の管理人。これは付設の塾の教師を兼ねる職務であり、以後代々、青山家は『大日本史』編纂作業にたずさわる役目を負って仕えている（水戸藩では光圀以来の方針で、他藩と異なり専門の儒者を置かなかった。武士たる者は儒学の素養があって当然、という見識である）。

青山家三代目で、菊栄の曽祖父にあたる延于は、藤田幽谷（東湖の父）とならんでその編纂所たる彰考館（しょうこうかん）の総裁となる。延于の二人の息子、延光（のぶみつ）と延寿（菊栄の祖父）も幕末にあいついで彰考館総裁を務める。延于の著『皇朝史略』は、同時期の頼山陽『日本外史』とならぶベストセラーだったという。明治以降、両者に急速に知名度の差がつくのは、勝ち組の志士たちが山陽贔屓だったことによるだろう。後述するように、青山家は水戸藩内では佐幕穏健派に属していた。

幽谷はもともと立原翠軒に学んでいたが、のち思想的・政治的に対立するようになり、以後これが水戸藩の党争に展開していく。青山家は立原党に近く、延于が幽谷とならんで総裁職に選ばれたのは、両派のバランスを取る意味あいもあったようだ。東湖が安政地震で不慮の死を遂げた直後に、延寿が反藤田派の友人に送った書翰で「幽谷学」を「異学」と評している（『覚書　幕末の水戸藩』に引用された延寿書翰より）。

「おさわぎ」

嘉永四年（一八五一）、二二歳の吉田松陰が水戸を訪れた際、東湖は謹慎中だったため他藩の客人に会うことを控え、かわって会沢正志斎と青山延光とが面談した。これが松陰の思想形成に大きく作用したことはすでに述べたとおりだが、ただ、正志斎への深い傾倒とはうらはらに、延光のことを松陰は日記で「蒟蒻党（こんにゃく）」と評している。およそ志士タイプではなかったのであろう。弟の延寿も、血気にはやる水戸藩士のなかでは冷静さがきわだち、前述の書翰でも「異学」ではあっても藤田派を弾圧排除することのないようにと説いていた。もっとも、そう書き記すのが、彼らの係累たる菊栄だから、いくぶんかは割り引いて考えねばならないのかもしれないが、青山一族が尊王攘夷の過激派たる天狗党とは一線を画していたことはまちがいない。菊栄は「尊攘運動の代価」と題する一節を次のように書き起こしている。

藤田小四郎が桂小五郎の示唆をうけて筑波に攘夷の旗あげをしたとき、一橋慶喜も原市之進も水戸藩の自滅を憂いたというが、一年後その「おさわぎ」は、敦賀の大量斬首で局を結んだ。これが水戸の尊攘運動の結論であり、代価であった。

天狗党蜂起を「おさわぎ」と呼ぶのは、彼女が母・千世から聞いた呼称だが、この冷ややかな呼称に菊栄の、あるいは青山家一同の、天狗党に対する視線が明示されている。この

「おさわぎ」のなか、暗愚な藩主・慶篤——彼女は露骨に「バカ殿様」と呼ぶ——に代わって事態収拾のため水戸に派遣され、城に立てこもる諸生党（＝反天狗党）と一戦まじえてしまったがために幕府から切腹を命じられたのが、慶篤や慶喜にとっては又従兄（はとこ）にあたる宍戸藩主・頼徳であった。山川菊栄は、「年は三六歳にもなっていたが、人を疑うことを知らぬ若様育ちと、自分の身分に対する自信」が、彼の身の破滅をもたらしたと述べている。

なぜ水戸藩は没落したか

彼女は水戸藩＝茨城県に対する深い愛情を示している。それだけにいっそう、水戸の人々がなぜ「天皇の世紀」にあれだけの苦境を味わわねばならなかったのかが、彼女にとっては自分自身の「血」の問題ともかかわって切実な問いであったようだ。そして、その責任追及は、一般に水戸の郷土史家には名君と評判の烈公・斉昭に向けられていく。本書に彼女が社会主義運動の大物であることを思い出させる記述はほとんどない。しかし、次の揶揄的な一文は、彼女が万感の思いをこめて書いた、本書全体の白眉だとわたしは考える。

実際は彼（斉昭）の袴ばかりでなく、水戸藩も、封建制度そのものも、よごれて破れて手のつけようもないほどになっていたのだが、烈公及びその一党は、そこまでは思わず、小石川の水で洗ってつくろえば、「清き昔」の理想的封建社会に戻れるものと信じてはりきっていたのだった。

ただ、皮肉なことに、斉昭一党の理想主義的心性は、彼女自身の問題でもあった。理想的な社会主義体制実現のために真摯に運動した山川菊栄は、彼女が期待した「戦後」そのものに裏切られてしまう。一九六〇年にも一九七〇年にも、安保改定反対運動は革新政権をもたらさなかった。

彼女のこの連載が『茨城県史研究』で始まった一九七〇年一一月、そうした「戦後」の日本を別の視点から断罪する行動を、ある人物が起こした。彼は、奇しくも水戸天狗党にゆかりある人物であった。

3　「その日」まで

安岡正篤への接近

昭和四三年（一九六八）五月二六日、三島由紀夫は安岡正篤宛に手紙を書いた。伊沢甲子麿を通じて安岡の著作を贈られたことへの礼状である。長くなるが、その本論部分を引用する（引用は『決定版　三島由紀夫全集　補巻』新潮社、二〇〇五年、二三八頁による）。

このごろ若手評論家のうちでも、江藤淳の如き、ハーバード大学で突然朱子学の本をよみ、それから狐に憑かれた如く朱子学朱子学とさわぎ廻つてゐる醜態を見るにつけ、どうせ朱子学は江藤のやうな書斎派の哲学に適当であらうと見切りをつけ、小生のはうは、先生の御著書を手はじめとして、ゆつくり時間をかけて勉強いたし、ずつと先になつて、知行合一の陽明学の何たるかを証明したい、などと大それた野心を抱いてをります。

左翼学者でも、丸山真男の如き、自ら荻生徂徠を気取つて、徂徠学ばかり祖述し、近世日本の政治思想の中でも、陽明学は半頁の commentary で片附けてゐるかの如きは、もつとも「非科学的」態度と存じます。

却つて大衆作家の司馬遼太郎などにまじめな研究態度が見え、心強く思つてをります。

東洋思想に盲目の近代インテリが今なほ横行闊歩してゐる現下日本で、先生のやうな真の学問に学ぶことのできる倖せを忝く存じます。

三島由紀夫

「書斎派」の朱子学に対する敵愾心。「知行合一の陽明学」に東洋哲学の真髄を見る立場。すでに本書でお馴染みとなったであろう、幕末以来の日本陽明学の心性を共有する「先輩」への、追従とも取れる文言に満ちあふれた書翰である。

丸山真男への軽侮

丸山真男の『日本政治思想史研究』（東京大学出版会、一九五二年）における陽明学への不当な軽視を、著者が徂徠学的心性の持ち主だからと評するのは、実際のところ正解だとわたしも思う。ただ、丸山を「左翼学者」と決めつけ、司馬を「大衆作家」という見下した形容で呼ぶあたりに、三島の貴族的傲慢さの面目躍如たるものがある。彼はこの線で安岡と共同戦線を張りうると考えたのだろうか。古今東西、真に血筋のよい貴族様は、こういう物言いは決してしないものだ。

昭和四三年五月。いわゆる「学園紛争」の嵐が吹き荒れ、丸山真男が全共闘を「ファシストですらこんな蛮行はしなかった」と批判して糾弾された、熱い政治の季節であった。「書斎派」江藤淳とは異なり、「知行合一の陽明学の何たるかを証明したい」という想いが、二年半後の「事件」につながっていく。いや、三島はすでにこの時点でその計画を練りはじめていたろう。「大それた野心」はかなり具体的だったのかもしれない。

三島の陽明学とは

三島が『葉隠』を好んだことは広く知られている。それに関して書いた文章も数多い。『葉隠入門』は単行本にもなっている。そのなかで、特にわたしの注意を惹いたのは、毎日新聞の求めに応じて「勇気あることば」として昭和四一年（一九六六）に書いた短文で、『葉隠』の「人間一生は誠に纔の事なり。好いた事をして暮すべきなり」を選び、以下のように述べている点である。三島が純文学の世界から政治的・思想的発言をするようになるのは、この年からだと言われている。

> この倫理の根底にあるものは、人間は、多くの場合、真の欲求を知らない不決断の状態にあるといふ認識である。そして決断は、それを「真の欲求」と化するのである。

わたしはこの文章を、文藝別冊『武士道入門——なぜいま武士道なのか』（河出書房新社、二〇〇四年）が採録していることによって知った。四五年という「誠に纔」な生涯を、文学者という「好いた事をして暮」し、そして「決断」をして武士の作法で自決（割腹刎頸）した三島は、「知行合一の陽明学の何たるかを証明した」わけである。もちろん、それは彼（や安岡）が考える陽明学であって、それ以上でも以下でもない。大塩事件のときと同様、「三島の陽明学理解は間違っている」という批判が、彼の死後にいくつも現れた所以である。

「革命哲学としての陽明学」

三島が「事件」の二ヵ月前、昭和四五年（一九七〇）九月に『諸君！』に公表した「革命の哲学としての陽明学」は、自身による事件予告であった。そして、早くもその翌月には三文字目の「の」を省き「革命哲学としての陽明学」と修正改題し、『行動学入門』に収録する形で文藝春秋から刊行している。何としても「事件」前に多くの人に読んでおいてもらおうとした強い意思が感じられる。

わたしはすでにいくつかの論著のなかでこの文章に触れてきた（拙著『義経の東アジア』や「死を見据える――儒教と武士道、「行の哲学」の系譜」ほか）。大塩事件を客観的に論じるかのように見せながら、その実、自分がこれから起こそうとしている「行動」について予告していて、おそらく書き手自身がぞくぞくするような自己陶酔に浸りながら書いたであろうと思われる名文である。

その文章は次のような段落で書き起こされている。

行動哲学としての陽明学はいまや埃の中に埋もれ、棚の奥に置き去られた本になつた。別な形で、朱子学が復興してゐるなどといはれながら、朱子学の一分派ともいはれる陽明学は、ごく一部の愛好者を除いて、その名のみが知られてゐるのが現状である。アメリカでは陽明学を研究してゐる三人の学者がゐるさうだが、日本では陽明学の家といはれる二、三の学者の家に伝承されるばかりで、政治家や、現実的な行動家のよつて立つべき基本的な哲学としてのメリットは、おほよそ失はれたといつてよい。

アメリカの陽明学研究者三人というのが誰々なのか確証はないが、おそらく、「新儒教」(Neo-Confucianism) という術語で朱子学・陽明学の思想史的意義を高唱して、一九六〇年代に論集や著作を発表していた、陳栄捷（Win-Tsit Chan）やセオドア・ドバリー（W. Theodore de Bary）のことであろう。年齢的に三島と同世代の学者である。あるいは、これに当時駆け出しで、王陽明の伝記的評論でデビューした杜維明（Weiming Tu）を含めて「三人」なのかもしれない。

行動せぬ陽明学者は目に入らない

こうしたアメリカの状況に比べてさえ、日本はあまりにお粗末だというのである。「陽明学の家といはれる二、三の学者の家」というのも定かでないが、三島中洲のところなど儒者の系譜を引く人たちだろうか。当時、三島由紀夫の出身大学でもあった東京大学には、文学部の中国哲学研究室に陽明学研究で名高い山井湧（やまのいゆう）がいた。彼は江戸時代以来の儒者の家の出身だが、ご先祖様は荻生徂徠門人であって、決して「陽明学の家」ではない（ちなみに、そのご先祖様、山井鼎（てい）は、経書の文字の異同を綿密に調査したその著作が、清朝宮廷が編集した『四庫全書』にも収録された「世界的学者」であった）。

三島の文章が書かれた三年前（一九六七年）には、今でも陽明学入門書として需要の大きい島田虔次（しまだけんじ）『朱子学と陽明学』（岩波新書）が刊行されているのだが、三島はこの本を読んでいたのだろうか。島田は京都大学の東洋史研究室の教授であった。あるいは、名古屋大学には近藤康信（こんどうやすのぶ）がいて陽明学の聖典『伝習録』を全訳し、九州大学には岡田武彦（おかだたけひこ）や荒木見悟（あらきけんご）がいて陽明学の実践倫理や哲学性を語っていた。三島より一歳年長の山下龍二（やましたりゅうじ）も活躍していた。だが、少なくとも三島の目には、これら「書斎派」の研究は「政治家や、現実的な行動家のよつて立つべき基本的な哲学としてのメリット」を喪失したものと映じていたのである。前述の書翰どおり、彼が最も心酔する陽明学研究者は、安岡正篤だったらしい。

アポロン的な国学

彼は陽明学衰退の原因を「大正教養主義」に求める。「陽明学的知的環境」は乃木希典の殉死とともに終わった。その後、「過激な右翼思潮の温床となつたために、ますます大正知識人に嫌はれる対象となり」、「マルクシズムが陽明学にとつて代り、大正教養主義・ヒューマニズムが朱子学にとつて代つた」。この歴史認識が、本書でわたしが展開してきた叙述と重なることは、おわかりのとおりである。

荻生徂徠のやうな外来思想の心酔者は、大正知識人にとつてもむしろ親しみやすかつた。しかし国学と陽明学はやりきれぬ代物だつた。国学は右翼学者の、陽明学は一部の軍人や右翼政治家の専用品になつた。インテリは触れるべからざるものになつたのである。

こうして三島は、前記の安岡宛書翰にも見られた丸山真男批判にたどりつく。「氏はそのかなり大部の著書の中でわづかに一頁のコメンタリーを陽明学に当ててゐるに過ぎない」。

丸山が上記『日本政治思想史研究』で評価したのは、伊藤仁斎、荻生徂徠、そして本居宣長だった。ただし、そこまでである。本居国学と平田国学との断層を、丸山は強く意識していた。そして、それは三島も同じである。

本居宣長のアポロン的な国学は、時代を経るにしたがって平田篤胤、さらには林桜園のやうなミスティックな神がかりの行動哲学に集約され、平田篤胤の神学は明治維新の志士達の直接の激情を培った。

もちろん、こうした史観は三島の独創ではなく、すでに言い古されてきたものである。それを彼ならではの流麗な修辞で叙述したにすぎない。そうではあるのだが、その修辞に彼自身を分析するヒントが見え隠れしている。たとえば、ここの「アポロン的な国学」という表現をぜひ記憶しておいていただきたい。

ディオニュソス的な行動

ただ、残念ながら、この調子で解説を加えていくと、いくら紙数があっても足りない。この文章の核心部分に移ろう。大塩事件である。三島はこの件を森鷗外の小説に寄り添いながら読み解いていく。

大塩中斎が愛用した「太虚」概念を、三島は「現代風にいへば能動的ニヒリズムの根元」

と形容する。これは一見仏教の「空」とも見まがうもので、「森鷗外も小説「大塩平八郎」の中でそれとなく皮肉に指摘してゐる」。大塩は所期の目的をなんら達成できなかった。「かうした行動の無効性、反社会性について鷗外は批判的なのである」。大塩が決起した経緯、「ここに至つた動機については鷗外はほとんど言及してゐない」。鷗外が書いているのは、エピソードⅠで紹介した大塩が憂国談義の最中に怒りのあまり、魚を骨ごと嚙み砕いて食べた」逸話なのである。三島は言う。「かれは東大の教授とはもつとも遠いタイプの学者であつた」。おそらく彼の脳裏には丸山真男の顔がちらついたのであろうが、同時に森鷗外もまた、三島に言わせれば大塩からは遠い存在であった。

「あくまでもアポロン的な鷗外は、大塩平八郎のディオニュソス的な行動に対して十分な感情移入をなしえず、むしろ一揆鎮圧に当つた有能な与力坂本鉉之助のはうに視点をおいてゐるのである」。「アポロン的」とは朱子学的な能吏タイプ、「ディオニュソス的」とは陽明学的な志士タイプということである。と言うより、やはり三島の世代ともなると、(同じ三島でも二松学舎の中洲とは異なって)ニーチェ流にギリシャ神話の登場人物で日本人の類型を語るのである。

自分の決起を前に、なぜか他人事のような表現

三島はこのあと、大塩の後継者として西郷隆盛と吉田松陰を紹介し——本書で述べてきたように、これぞ典型的な、明治になってできあがったナラティブである——、陽明学の開祖・王守仁の生涯に言及してから、話題を現代日本に転じる。

国学のファナティックなミスティシズムが現代に蘇ることがはなはだむづかしいとするならば、陽明学がその中にもつてゐる論理性と思想的骨格は、これから先の革新思想の一つの新しい芽生えを用意するかもしれない。

文章結び近くのこの一文は、一見客観的に突き放した表現で述べられている。彼自身がもしそう熱く主張するのであれば、「用意するかもしれない」などという曖昧な言い方はしないはずである。しかも、彼は（文章発表時点では読者の知る由もないが、その数ヵ月後には天下周知の事実として）この文章を一種の遺書として書いているのだ。みずから第二の大塩として決起し、「行動自体は完全な失敗に終つた」事件のあとで、読者が自分の遺言をあらためてどう読み直すかを意識していたのであったなら、こうした弱い表現を取ることは考えにくい。少なくとも、わたしならそうしない。わたしがこの文章を読んでいつも気になっていたのはそのことだった。

なぜ「国学のファナティックなミスティシズム」ではいけないのか？

わたしたちは三島由紀夫という人物を誤解してきたのかもしれない。

4　その日

決起、割腹

昭和四五年（一九七〇）は日本戦後史の分水嶺であった。三月に開幕した大阪万博は「人類の進歩と調和」という、今から考えるとなんともオメデタイ標語を掲げて半年間にのべ六〇〇〇万人の入場者を獲得し――かくいうわたしなどは、そのなかの二人分を占めている。両親とあわせれば六人分である――、アメリカ館に展示された月の石を見るため「人類に辛抱と長蛇」を強いた（若い読者のかた、これは当時流行した駄洒落なのですぞ）。その開幕の興奮さめやらぬうちに、赤軍派テロリスト集団による、日航機よど号乗っ取り事件が発生する。六月には日米安保条約が改定され、以後半永久的にこの不平等条約が続くことが確定した。

そして、一一月二五日白昼、不世出の天才作家が意表を突く形でその生涯を終えた。

作家の自殺は珍しいことではない。三島が軽蔑していた太宰治（だざいおさむ）も、師と仰いでいた川端康成（かわばたやすなり）も、自ら命を絶っている。だが、三島の自殺はこうした尋常の「文筆家の自殺」とは完全に異質であった。軍事クーデターを自衛隊に呼びかけ、容れられずに割腹したからである。

もちろん、さまざまな研究によりすでに明らかになっているように、彼は最初から死ぬつもりであった。自衛隊市ヶ谷駐屯地のバルコニーからの有名な演説――隊員たちの野次と取材ヘリの騒音とで一部聞き取るのが困難だったことでも有名な演説――は、割腹前の儀式であった。もし万一、あそこで集まった自衛隊員たちが「よし一緒に決起しましょう」と同意していたら、三島はかなり動揺したことだろう。幸い（？）そのようにはならず、彼は予定どおりに総監室に戻って割腹した。介錯されて落ちた首の写真が、当日の夕刊紙に掲載されて物議をかもしたという。

三島事件を報じる新聞

常軌を逸しているのは誰か

長州閥の流れを引く佐藤栄作首相は、「全く気が狂っているとしか思えない。常軌を逸した行動だ」とする政府談話を発表している（以下、一九七〇年の人々の発言については、当時の差別に関する認識不足が表れていることをあらかじめご了解いただきたい）。（内村鑑三や高畠素之を生んだ）群馬県出身の防衛庁長官・中曽根康弘も、佐藤と同じく「常軌を逸した行動」と評した。この二人の政治家の批判に対して、皮肉なことにかの森鷗外の長女・森茉莉が三島のためにかたきを取ってくれている（中条省平『三島由紀夫が死んだ日』実業之日本社、二〇〇五年より)。

首相や長官が、三島由紀夫の自刃を狂気の沙汰だと言っているが、私は気ちがいはどっちだ、と言いたい。現在、日本は、外国から一人前の国家として扱われていない。

そもそもこの「事件」は、たしかに「常軌」は逸していたかもしれないが、きわめて緻密かつ冷静に準備されたものであった。逆にその意味では「常軌を逸した」計画性を持っていた。もしわたしの理解が間違っていなければ、ニーチェが使うような意味での「ディオニュソス的」かどうか、すこぶる怪しい。

成功だった

マルクスによれば「一度目は悲劇、二度目は喜劇」だそうだが、この「二度目の大塩事件」は当人たちが最初から一度目の悲劇(檄を飛ばした相手が加勢しないこと)をあらかじめわかったうえで行動したという点で、決して喜劇ではなかった。三島の本職である戯曲のシナリオのように、相手がどう反応するかをきわめて綿密に計算し、上記の佐藤・中曽根のコメントをも見すかした形で演じられていた。戦後日本の「政治家」はその程度の理解能力しかないのだということを満天下に示した点で、彼の決起は成功だったとも言えよう。山川夫妻が晩年を捧げた、かの日本社会党は、彼の行動を「自民党政権の憲法無視の政治姿勢が生んだ偶然ではない事」と論評した（福島鑄郎『資料　三島由紀夫』朝文社、一九八九年）。これも三島の計算どおりであったろう。でも、政府も自民党も自衛隊も、憲法に忠誠を尽くして三島の檄に従わなかったからこそ、（三島自身そう希望したように）この決起は決起としては失敗したのである。そもそも、三島が社会党本部を襲うという、普通の右翼テロリストならやりそうなことをしなかったのはなぜかを、社会党の人たちは事件後に考えたのだろうか。

ピストルではなく日本刀。三島たちのシナリオは最高に審美的である。人質とした自衛隊最高幹部（益田兼利総監）に対し、彼らは危害を加えていない。彼らが総監室で遂行する儀

陸上自衛隊のバルコニーで演説する三島由紀夫（1970年11月25日、写真提供／共同通信）

式＝所作の歴史の証人として、いや、芝居の観客として椅子から動かないように縛っていたにすぎないとさえ言える。法的にはたしかに監禁罪だが、テロの対象としての人質ではなかった。

ところが、中曽根防衛庁長官は（官僚の作文なのかもしれないが）またまた見当違いの訓示を隊員に向けて発している。曰く、「暴力によって法秩序を破壊することは、民主主義を真向から否定することである」と。三島たちは「暴力によって法秩序を破壊」したわけではない。だが、「民主主義を真向から否定」したがっていたのはたしかである。ただし、戦後的な、山川菊栄も愛用する意味での「民主主義」を。バルコニー演説には野次を飛ばす姿がめだった隊員たちだが、事後の内部調査では大部分の隊員が「檄の考え方に共鳴する」と答えたという（前掲の福島氏著書）。その意味で、三島の行動は成功だった。

内部批判は武士道に背く

当時、三島と親しい作家が自由民主党に籍を置く国会議員（参議院）になっていた。石原慎太郎である。この二人が「事件」前にある論争を展開していた。三島側の言い方では、そのテーマは「武士道」である。

事件の半年前、その年の六月一一日付毎日新聞夕刊に掲載された、石原への公開状は「士道について」と題されている（本書では、『決定版三島由紀夫全集』三六巻所載の形による）。石原が自民党を内部批判することに対して、これをたしなめる趣旨である。

昔の武士は、藩に不平があれば諫死しました。さもなければ黙つて耐へました。何ものかに属する、とはさういふことです。

三島は個人的に親しかった益田総監の目の前で「諫死」したのであろう。死後八年経ってから公開されたＰＬＡＹＢＯＹ誌のインタビュー「武士道と軍国主義」ではこう言っている（前掲書）。

さて武士といふものはどういふものか。私は、中曽根長官が就任されたとき、又聞きですから、軽率な判断は慎みますが、自衛隊は一種の技術者集団である、そしていはゆる武士ではない、などと仰せられた様に仄聞してをります。私の間違ひだつたら訂正致しますが、とんでもない話である。（中略）私は、軍がスピリットを失つて空疎になるといふことを何よりも恐れる訳なのです。

彼に言わせれば、昭和初期の軍国主義とは明治以来の西欧化がもたらしたもので、日本古来の武士道精神はこれとは異質のものである。むしろ、そうした精神を喪失したところに統制派主導の軍国主義体制・無責任体制が生まれたというのだ。組織の内部にいながら、外部の人間にむかって内部批判を公言する、そうした無責任な心性こそ、武士道精神に背く「西欧化」の賜物にほかならない、と。

石原慎太郎の見る三島事件

ここまで来ると、日本刀を愛するかヨットを愛するかの趣味の違いでもあって、三島の言い分に公共性があるかどうか心許ないところである。石原はそのことを理解していたのやらいなかったのやら、自民党総裁でもある佐藤首相発言を暗に非難する内部批判として、こう語っていた（これも中条氏前掲書より）。

他から眺めれば、狂気とも愚行ともとれ得ることを承知の上で行なった、他が何と言おうと氏にとっては、絶対に社会的政治的な行為であったに違いない。

たしかに、三島はあくまで自身の思想に殉じて「事件」に至った。そのことは凡百の、失礼、綺羅星の如き、先行諸研究が述べるとおりであろう。

だが、それだけなのだろうか？　彼の行為は「社会的政治的な行為」なのか。強固に信念を語る彼が、なぜ「遺言」の結論部で「かもしれない」と書いたのか。その鍵が、彼自身が決して語らぬその血筋にあるのではないかと、わたしは考えている。

それが「水戸の血」である。

5　アポロンが演じたディオニュソス

語られない高貴な背景

三島が父方の祖父について黙して語らない点には、すでに指摘と分析がなされている（前掲『資料　三島由紀夫』など）。三島由紀夫、本名・平岡公威の祖父は、樺太の長官も務めた平岡定太郎、父の梓は帝大法科卒の国家公務員である。公威自身も一年足らずの期間だったが、大蔵官僚であった。皮肉なことにそれは社会党の片山哲内閣時代で、新設なった労働省には山川菊栄が局長として勤めていた。

三島の読者なら知らぬ者もない伝記事項として、定太郎の妻・夏子と梓の妻（つまり公威の母）倭文重との不和対立がある。夏子は公威を自室で育て、倭文重が会えるのは母乳を飲ませるときだけだったと言われている。

多くの伝記が、公威すなわち三島の、母への愛慕と祖母（および祖母の行為を許した父）への憎しみを語る。そして、彼らに比して影が薄いのが、まだ健在であった祖父・定太郎だというわけだ。

だが、わたしには、もう一つの血筋が気になって仕方がない。それは、権威的に彼を囲いこみ、女の子としての環境で育てたという祖母・夏子の、その出自である。そう、ご記憶だろうか、エピソードⅡで「平岡公威の祖母」として紹介したこの人物の両親は、永井家と松平家の出身なのである。

三島の貴族趣味はよく知られている。あるいは、実際に彼の作品には明治・大正の貴族（＝華族）を扱ったものが多い。遺作となった『豊饒の海』も、その第一部『春の雪』は華族の悲恋に始まっている。三島文学において貴種性あるいは血筋は、重要な構成要素となっている。

ところが、なのだ。彼は自身の祖母に流れる高貴な血について語ることがほとんどなかった。それは「祖父定太郎は貧農出身の成り上り者であることを知りつくしておりながら、とことんまでそれをかくし通して、優雅な家系のように誇示した」（仲野羞々子氏の表現。前掲『資料　三島由紀夫』より）こととどう関わるのだろうか。

未発表小説に残る痕跡

福島氏は『資料　三島由紀夫』において、「父系の百姓の血と、母系の高貴な血」と表現しているが、母倭文重の実家・橋家はもと加賀藩儒で、父親も開成中学の校長にすぎない。「高貴」というにはいささか気が引ける。ところが、祖母夏子の両親は、正真正銘、幕末の上流階級に属していたのである。夫婦間の「血」の相違は、梓夫婦にではなく定太郎夫婦にこそあったとすべきであろう。

そして、夏子の母・高子こそ、天狗党の件で切腹させられた松平頼徳の妹なのである。つまり、三島は水戸天狗党の血を引くことになる。

もっとも、先ほど山川菊栄の筆によって紹介したように、頼徳は成り行きで責任を負わされてしまった不運な若様であって、天狗党の乱の首謀者・武田耕雲斎や藤田小四郎のような確信犯ではない。水戸本家を守るため、幕府への申し訳に、その身代わりとして詰め腹を切らされたにすぎない。だが、もし三島に積極的に彼を評価しようという意図があればできたであろう有名人ではあった。

三島もこの事実を知っていた。二〇〇五年に刊行された『決定版　三島由紀夫全集　補巻』には、これまで未発表・未公刊であった習作や断片が収録されているが、そのなかに『神官』という小説がある。「解題」によれば、「四南　平岡公威」の署名があって、おそらく学校（学習院）の課題として提出されたものだろうという。どこまでが事実なのか創作なのか判然としない私小説仕立てで、「松平の伯父」（小説中で、実は「私」の祖母「お夏」の伯父であると断り書きされている）が主人公である。この小説中にその本名は出てこないが、頼徳の弟の頼安（よりやす）がモデルであることは明らかである。

伯父の父は（いや伯父自身も）宍戸といふ小藩の藩主であつたが、幕末に幕府内密の事件の責任をひとりで負つて自刃した。代々徳川家はその子孫に特別の庇護を与へるつもりであつた（。）

史実に正確に厳密に言えば、自刃したのは「伯父」の兄であり、父・頼位（よりたか）は官位剝奪処分ですまされている。もっとも、それは〈幕末〉時点での話で、「御一新」がなるや一転して天狗党の天下になり、頼徳は英雄となるわけだ。「徳川家」――ご存じのとおり、水戸から慶喜がはいって宗家を一時嗣いだ――はもとより、明治政府が下にも置かぬ扱いを宍戸藩主一族にしたのは当然で、だからこそこの「伯父」も子爵だったのである。なお、余談ながら、この小説では頼安は「東照宮の宮司」として登場する（だから『神官』）が、実際に平岡家に出入りしていた東照宮宮司は、夏子の兄の永井壮吉(そうきち)だった。三島（公威少年）は彼を保証人として、たかが一介の公務員の子でありながら、身分違いの学習院初等科入学を許可されている。

「松平頼安伝」

また、同じ『補巻』には「「松平頼安伝」創作ノート」なるものも収録されている。「大学ノート七頁」（解題）にわたる詳細なもので、史実が箇条書きでメモされている。いつのものかは詳らかにしないが、もしそれなりの長編小説に結実していたら、三島が敬愛する「アポロン的作家」森鷗外と同じく史伝のジャンルをものしていたかもしれない。

そのメモ冒頭は主人公の設定として「ししど藩主。」と書かれ、つづけて「父　松平主税頭／叔父〔「叔父」抹消〕兄　松平大炊頭」と、その家族構成が書かれている。もちろん、前者が頼位、後者が頼徳だ。当初三島が頼徳を頼安の兄ではなく叔父だと思いこんでいたらしいことがわかり、興味深い。祖母夏子からの話に、そう思いこませるものがあったのだろうか。

つづく物語当初の設定が、非常に興味深いので採録する。

竹田（小島注・もちろん史実では「武田」）耕雲斎が／幕府に叛旗ひるがへし／天皇を立てん、勤王で旗あげ／失敗、打首／そのとき水戸中納言がバカ／大炊頭は水戸の親戚／水戸のお手許金で暮せり／大炊頭利巧ゆゑ、耕雲斎と共に旗をあぐ、靖国神社に祀れり

そうなのだ。頼徳は、史実としては「利巧」でなく、山川菊栄が言うように「人を疑うことを知らぬ若様育ちと、自分の身分に対する自信から」（『幕末の水戸藩』）詰め腹を切らされたというのが真相なのだろうが、ともかくそのお陰で「御一新」後は靖国の英霊になっているのである。もっとも、天狗党の〈同志〉には、「英霊」という語の発案者・藤田東湖の息子がいるのだから、これは当たり前かもしれないが。

三島は「英霊」の玄孫？

三島の創作ノートは続き、高子が事件後六年間座敷牢に入れられたこと（解放は「御一新」によるもの）や、「藩主返上、勤王、すぐ子爵」といった表現が書き留められている。

そして、「（よくしらべると、高子は、大炊の子也ともいはる。アヤシ）」「（大炊頭が弘道館

にゐたので、娘ならんと推測さる)」といったメモが続く。これが単に小説の設定なのか、平岡家に伝承されていた噂(祖母夏子による?)なのかは未詳だが、もし事実だとしたら、三島は頼徳の玄孫ということになる。この兄妹の年齢差は三〇だから、ありえない話ではない。ともかく、前掲の「利巧」も含めて、三島が頼徳という人物に相当関心を持っていたことを窺わせる。

次の記述などは、この創作ノートでは異例な、きちんとした文になっており、自分の先祖の一族が本家の捨て石になったことへの複雑な感情表出とは取れないだろうか。

松平大炊頭のおかげで水戸が旗あげたことになり、水戸に傷つけずに自分が旗あげたことになつた故、水戸救はる

この小説はこの題で長編として書かれることはなかった。ただ、『好色』という短篇のなかに、この創作ノートが活かされており、おそらくそこに結実したものと思われる。『好色』は昭和二三年(一九四八)、三島が大蔵省在職の現役公務員時代の作品であった。

ここでは『神官』の「私」は「公威」と実名になっている。祖母「お夏」と「頼安伯父」とのやりとりの様子が描かれたのち、彼の出自についての以下のごとき解説が来る。長文の引用になるがお許しいただきたい。

松平頼安子爵は公威の祖母の母の兄に当つてゐた。水戸の徳川家の流れで、代々、水戸市に程近い宍戸の藩主であつた。自分のどこかに水戸の人らしい皮肉屋の血が流れてゐるのを、公威は時々感じることがある。頼安の父の松平主税頭は水戸烈公と従兄弟同志だつた。主税には四人の子があつた。長男がのちの松平大炊頭、次男が頼安、三男が福島県森戸の藩主になつた美男で名高い頼平、長女が公威の曽祖母高子——高姫とよばれてゐた——だつた。維新史にすこし通暁した者は筑波騒動といふ小事件を聞いたことがあるにちがひない。水戸家にとつては幸運なやうな不幸なやうな、名誉のやうな不名誉のやうな、くすぐつたい事件だつた。武田耕雲斎が幕府に叛旗をひるがへして（つまり錦の御旗をひるがへして）失敗し打首になつたのが史上の筑波騒動であるが、時の水戸中納言は少し低脳で暗君であつた。時代感覚の鋭い松平大炊頭は、水戸家の親戚でもあるところから、水戸家の将来を思つて、身を犠牲にしてわざと耕雲斎と共に旗をあげた。水戸が他藩に先んじて勤王の旗をあげたことになつたわけだ。騒動の結果、大炊頭は責を負うて家来七十人と共に切腹したが、さて明治維新が成功してみると、大炊頭が引いておいた勤王の伏線のおかげで、水戸藩は救はれたのである。

以下、小説は高子が嫁入り先の永井家でいじめられた様子（この小説では頼徳の子という説は紹介されていない）、頼安の子爵としての退廃的・享楽的な生活の諸逸話が続き、物語というよりは人物紹介の随想だけで幕を閉じる。

ルーツを描ききらなかった理由

わたしが上記引用から分析したいのは、頼徳（大炊頭）への三島の敬愛の念である。彼は頼徳に直接会っていない。小説の主人公も弟の頼安で、高子・夏子母娘のように頼徳が直接登場するわけでもない。しかし、ここには、天狗党の敵方に属した青山家の山川菊栄が描くのとは対極の、「時代感覚の鋭い」「わざと耕雲斎と共に旗をあげた」水戸藩を救った英雄としての頼徳が描かれている。現実には天狗党は「錦の御旗をひるがへし」たわけではなく、彼らがその人のために挙兵した慶喜に見捨てられ、武田や藤田は逆賊として斬首されたのだ。すでに述べたように、その姿は二・二六事件の青年将校たちにあまりにも似ている。三島の二・二六への熱い思い入れは、ここに根があるのかもしれない。「自分のどこかに水戸の人らしい皮肉屋の血が流れてゐるのを、公威は時々感じることがある」のだから。

その後、ごく一部の作品を除いて、「頼安伯父」は彼の小説に登場しない。「大炊頭」――彼が一度も実名で「頼徳」と呼び捨てにしないのもわたしは気になる――も描かれない。なぜ書かれなかったのかは定かではない。『豊饒の海』や「革命哲学としての陽明学」ではなく、頼徳を主人公として水戸学の悲劇を描いた小説が、三島最後の遺言になる可能性はなかったのか、という妄想はやめておこう。

逆にわたしは『好色』が、このいかにも三島風の題名と内容を持つ短編でけりをつけられ、『松平頼安伝』という長編史伝にならなかったことこそ、三島が「ファナティック」な水戸学でなく「論理性」の陽明学を選んだ遠因ではないかと憶測している。彼は激情型の決起には自己陶酔しきれなかったのだ。

陽明学が選ばれたのは方便？

そもそも、三島が一一月二五日に発表した檄文で述べているように、現行憲法を改定し、かつて存在したすばらしき日本国家の姿を取り戻すのが決起の本当の目的であったのなら、天狗党の松平頼徳ではなく、なぜ「革命哲学としての陽明学」の大塩を選んだのだろう。大塩は決して尊王攘夷主義で行動したわけではないのだ。三島が一九七〇年時点での尊王攘夷、すなわち精神の米国化に警鐘を鳴らして日本の伝統を守ろうとしたのであれば、靖国の英霊にもなっている水戸天狗党のほうが、「塩賊」よりもよほど好適な前例ではないか。しかも、当時すでに大塩については彼の嫌うマルクス主義歴史学が、「民衆蜂起を呼びかけた英雄」として横取りしていたのだ。

大塩中斎から吉田松陰・西郷隆盛へ、というラインは井上哲次郎ら明治の学者がこしらえあげたものであることは、すでに本書で述べた。「革命哲学としての陽明学」における三島の叙述はこの井上説にもたれかかった形をとっているから、そうなるのもたしかにやむをえない。しかし、尊王攘夷という面での系譜を考えるなら、別段調査するまでもなく、天狗党もしくは水戸学に行きつくことは容易であったろう。「陽明学に一頁のコメンタリーしか与えない」と丸山を批判する三島が、同じ丸山の水戸学への冷淡さには口をつぐんでいたのはなぜなのだろうか？

わたしは自分勝手に妄想を逞しくして、ありもしない問題を創り出しているのかもしれない。しかし、三島由紀夫という人物の緻密な計算について考えていくと、彼の陽明学への心酔ぶりそのものが疑わしくなってくる。彼が「革命哲学としての陽明学」や当日の檄文で主張したことは、はたして彼の本心なのか？

「本気」を演ずる

呉智英氏は「『本気』の時代の終焉」と題して、三島事件の意味を語っている（前掲『三島由紀夫が死んだ日』所収）。三島の切腹がいかに本気だったかを述べ、それを三島の思想が本気であったことの証明としているのだ。

たしかに、切腹は本気でなければできはすまい。実際、彼は首を切り落とされているのだ。だが、本気で本気を演じるということもできるのではないか。彼は自分が本気だという演技を、文字どおり命を張って成し遂げたのではなかったか。本気だからこそ、檄文もバルコニー演説も「その日」のうちに効果を生むとは、最初から彼は思っていなかったのである。あの「事件」は、熱に浮かされてした「常軌を逸する」行動ではなく、緻密な計画に基づく非常に合理的な戦術なのであった。

俗論として存在する、三島をテロリストとする評価の浅はかさもこれで明らかである。彼は八ヵ月先行するよど号乗っ取り犯とは根本的に違う。人質は証人・観客としてそこに拘束されていただけだし、自己都合で逃げ延びるのではなく、責任をとる形で自決しているのだから。まさに彼があこがれた「武士」としての死を選んだのである。だが、だとすればなおのこと、なぜ彼にとっての模範は水戸学ではなかったのだろうか？

真相

わたしはすでに本書で三島にあまりにも長くつきあいすぎた。そろそろ本線へと回帰する必要がある。だが、ここまで綿々と語ってきたのはほかでもない、三島が本書で登場した陽明学的心性の持ち主たちと、実は完全に異質であると主張するためなのである。その意味ではたしかに、彼の陽明学は陽明学ではない。

彼は大塩中斎や吉田松陰とも、三島中洲や安岡正篤とも、あるいは山川夫妻を含む多くの社会主義者たちとも異なっている。

では誰に近いかといえば、高畠素之であろう。あるいは（彼が批判的に言及していた）森鷗外その人であろう。三島という人は、本来、夢に浮かされて理想を語る志士タイプではなく、冷静に現実を見つめる能吏タイプだったのだ。いや、こう言うべきかもしれない。アポロン的な大蔵官僚・平岡公威は、そうした自分を嫌ってディオニュソス的な文学者・三島由紀夫になったのだ、と。

彼が本居宣長に対して与えた「アポロン的な国学」をもじって言えば、三島こそは「アポロン的な陽明学者」だったと言ってよかろう。彼はあえて本気のふりをして陽明学を選び取ったのだ。丸山真男への罵詈雑言は、彼自身のうちに棲息する本当の自分に対する憎悪だったのかもしれない。全共闘の学生と対話までした三島なら、さじを投げてしまった丸山以上に（大塩には務まらなかった）「東大教授」も立派にできたであろう。したがって、その顕彰とは裏腹に、やはり彼には平田国学の「ファナティックなミスティシズム」を奉じることはできなかったのだ。

「ファナティックなミスティシズム」集団たる水戸天狗党ではなく、井上哲次郎たちが美化しておいてくれた「陽明学」に、彼は本気で演じるに値する対象を見出したのではなかろうか。彼の祖母の伯父が、本気でなかったのに巻き込まれて命を犠牲にした失敗を繰り返さないように……（まだなお三島について語りたいことは多々あるが、またの機会にさせていただく）。

6　それから

血筋の交差は知られていたか

三島事件を藤沢で暮らす山川菊栄はどう見たのだろうか。すでに現役を引退し、身体的不調もあって著作活動もほとんどやめていた彼女が、公開の場でこの件について意見表明することはなかった。「赤い陽明学者」山川菊栄は、「白い陽明学者」三島由紀夫の行動をなんら批評していない。

か？

「志士仁人」であったこの二人、はたしてともに水戸学つながりの縁者だと知っていたの

山川が『武家の女性』を出版したのが昭和一八年（一九四三）、『おんな二代の記』は昭和三一年（一九五六年）。読書家の三島のことだから、いつかどこかで読んでいた可能性は高い。政治的には真っ向から対立するこの女性闘士が、自分の曽祖母の実家にゆかりの者だと知っていたとして、三島はどう思っていたのだろう。

一方、山川が三島の祖母・夏子の出自を知っていた可能性は、それより低いだろう。ただ、天狗党ゆかりのお姫さま・高子が旧幕府最高幹部だった永井家に輿入れしたことは、母・千世なら記憶していたかもしれない。なにしろ、高子は千世とひとつしか歳がちがわないのだ。その曽孫が「三島由紀夫」という高名な文学者であることまでわかっていたかどうかは心許ないが。山川は『好色』を読んでいないだろうし。だがこの血筋をもし知っていたのだとしたら、あるいは茨城県史編纂作業のなかで知りえたとするならば、前述した彼女の松平頼徳評価は、そうした目で読み直さねばなるまい。

理想は果たせぬまま

山川は、三島事件のちょうど一〇年後、昭和五五年（一九八〇）一一月に脳梗塞で世を去った。奇しくも三島のちょうど二倍の、享年九〇であった。

三島の予言どおり、また山川の願いどおり、憲法は「改正」されることなく、自衛隊は正

式な国軍となることなく今に至っている。だが、山川の後輩たちは、平成の御代になってから、片山哲以来の社会党首班の政権（村山内閣）を作るために、自衛隊の存在を事実上合憲と認める軌道修正を実施した。非武装中立政策は放棄されたのである。

そして、その後のあれよあれよの転変で、かつての左派的な社会党残党勢力さえ「社会民主党」を名乗る政党に衰弱してしまっている。平成一七年（二〇〇五）の「郵政民営化」だけを争点にした選挙の結果、当選した代議士の大半が改憲派という「常軌を逸した」事態が生じ、いよいよ憲法第九条に手がつけられようとしている。

だが、これは三島が望んだ事態なのだろうか。とてもそうは思えない。三島の行動を非難した中曽根防衛庁長官はその後首相となり、訳知り顔の解説をした石原参議院議員は東京都知事となり、しかもともに長くそれらの職にあった。

そして――。

山川がめざした「共和国」も、三島が望む「帝国」も、実現しなかった。政治が理想を語らなくなったからである。莫大な負債を抱えた政府にとって、「儲かるか否か」が政策のすべてになった。

そのうえ、アポロン的なところは微塵もなく、全身これディオニュソスという首相小泉純一郎によって、水戸学由来の教化施設に中国や韓国からの視線が集まってしまった。山川菊栄と三島由紀夫という、水戸学ゆかりの傑女と英雄が、対極的な政治的信条を奉じながらも求めていた理想国家の姿は、いずれにしてもこのようなものではなかったはずである。

エピローグ

善意が起こす悲劇

靖国神社にまた春が来る。九段の桜を愛でに多くの花見客が今年も訪れることだろう。

敷島の　大和心を人問はば　朝日ににほふ　山桜花

「アポロン的な国学者」の歌である。この伊勢の医師が心に思い描いた美しい日本人の姿、「からごころ」に汚されていない「もののあはれ」に敏感な人たちは、本書にほとんど登場しなかった。「こちたき理屈」をひねくりまわして理想論や自分勝手な夢を語る者ばかりであったような気がする。

いや、一人いるのだ。よくいえば「からごころ」や邪心がなく、悪く言えば論理的思考のできない御仁が。その御仁こそ、靖国問題をここまでこじらせた張本人である。

その人物ともなぜか気が合うらしい作家・曽野綾子（そのあやこ）女史が、『善人は、なぜまわりの人を不幸にするのか』という本を出版した。宣伝文句は「ときに悪意よりも恐ろしい、善意の人との疲れない〈つきあい方〉」（産経新聞、二〇〇六年三月一一日付出版広告）。まさか、その人物との交遊から生まれた著書ではあるまいが、善人だからこその怖さを彼が持っていることはたしかである。

「伊勢神宮にお詣りしても何も言われないのに、なぜ靖国はいけないの？」

この素朴にして無知な愚問が、一介の庶民ではなく、責任ある一国の最高指導者から発せられていることに、くどいようだがわたしは慄然としてしまう。

だが、考えてみれば、「こちたき理屈」を唱えていた本書の登場人物たちの多くも、善意の人たちであった。いや、正確には人の善意を信じようとした人たちであった。そして、そうした人たちほど陽明学に入れ込んでしまう。それは、もともとの陽明学にそうさせる魔力があるからには違いないが、「朱子学対陽明学」という図式のなかで、自らを前者の側に置きたくないと考える人たち——換言すれば志士仁人タイプ——が、そうして再生産されていく構図になっている。その点で、マルクスの主張とは違って、何度も同じ悲劇が繰り返されていくのである。

朱子学的本性の隠蔽

その構図を逆用した確信犯的な悪者は、井上哲次郎と三島由紀夫くらいであろうか。この二人が、陽明学賛美の発言とは裏腹に、本性は「朱子学的」能吏タイプであることは、すでに述べたとおりである。

本来「朱子学」であるはずの水戸学も、幕末以降においては陽明学的心性の持ち主に占領されていく。本書では省略したが、大川周明とも関わりがあった昭和初期の右翼運動家たち

（血盟団関係者）に、この「陽明学的水戸学」の徒が見受けられる。あえて二つの学派に区分する必要はないほど、この両方の流れは緊密に結びついていた。ただ、ラベルの違いがそれなりに異化作用を持っていたという程度である。つまり、水戸学を前面に出せば基本的には体制護持となり、陽明学となれば「革命哲学」の側面をもって受けとられるというように。それは「維新」という水戸学由来の用語をもって、慶応・明治の〈革命〉や昭和初期の〈失敗した〉〈革命〉を粉飾することに現れている。水戸学はあくまで「尊王攘夷」だからであろう。

　靖国神社が「維新」に貢献した戦死者・殉難者を頌える教化施設であるというその本質、そこに祭られている「英霊」は理論的に決して「心ならずも」の犠牲者・被害者ではないという厳然たる事実を、わたしたちはきちんとわきまえなければならない。創られた伝統として明治国家が何を「帝国臣民」に要求したのか、そしてそれがどういう思想史的作為によって可能になったのかを。

　今年（二〇〇六年）秋に予想される皇室四十年ぶりの慶事に感激して首相が思わず「臣純一郎」と発言することはよもやあるまいが、現行憲法でも高らかに謳っている「日本国および日本国民統合の象徴」とは、そのままで彼――これで当分「彼女」の可能性は薄らぐのだろうか――のために死んでいく人たちを「英霊」として頌えるシステムになりかねないのである。そして、まずいことには、それは悪意でなされることではないのだ（文庫版注：予想どおり誕生あそばされたのは悠仁親王殿下であり、小泉首相が当時の天皇陛下に「臣」を自称することはなかった)。

テロでもなく、顕彰でもなく

と、まあ、こうした物言いをするのは、わたしが「朱子学的」心性の持ち主だからなのであろう。そのことを良いことだと誇るつもりにはなれない。ただ、善意の人たち同士が闘うと、果てしのない闘争の泥沼に陥るということだけは注意しなければなるまい。そこでは時に刺客=テロリストが肯定される。テロリズム撲滅のために某国に全面協力してきたはずの小泉首相の口から、後継者問題をめぐって「政治家は吉田松陰のようであれかし」と、老中暗殺を図ったテロのイデオローグを賛美する国会演説が出てくるようでは、未来は暗い(文庫版注:そして実際、安倍晋三首相は吉田松陰を崇拝する長州人だった)。

幕臣・江原素六(えばらそろく)は、戊辰戦争の際に房総方面で西軍(いわゆる「官軍」)と戦い、その後キリスト教に入信し教育者として活躍したあたり、内村鑑三や新渡戸稲造の先輩格でもある。彼の部下の戦死者は当然靖国の英霊にはなれなかった。そこで、数十年にわたり毎年四月三日には独自に法要を続けたという(樋口雄彦『旧幕臣の明治維新——沼津兵学校とその群像』吉川弘文館、二〇〇五年)。敗者の傷みを身をもって知る者の強さであろうか。

望むらくは、松下村塾ではなく、江原の衣鉢を継ぐような最高指導者を得たいものだと、個人的には思う。

増補

以下は学術文庫版刊行にあたって追加した増補部分である。メチエ版では陽明学が持つ魅力（魑魅魍魎という熟語からもわかるように、魅という字はもともとネガティヴな意味である）を指摘する趣旨から、「朱子学＝能吏、陽明学＝志士」という図式によって両者を対比的に描くことに主眼を置いた。

だがそもそも朱子学と陽明学は相反するものではないし、わたしの学説では陽明学は朱子学のなかの諸流派のひとつにすぎない。むしろ両者あいまって、あるいは本書で描いたように水戸学（これも朱子学の一流派）と表裏一体をなして、陽明学は近代日本の精神史において大きな役割を果たした。ある人物の内面に寄り添ってみるならば、多くの場合その言動が朱子学によるものか陽明学によるものかの区別はいちいちなされていなかっただろう。

メチエ版では陽明学的な心性（メンタリティー）を具えた人たちを外から冷ややかに分析することに徹してきた。以下の増補ではこれと視点を変えて、日本が近代西洋文明を本格的に受容・模倣するに際して儒教思想が果たした役割を、何人かの人物を取り上げて紹介した文章を収録する。そこに通底するテーマは「人格」と「自由」であり、メチエ版のエピソードⅣ・Ⅴと重なる。

まずは井上哲次郎・高瀬武次郎師弟の頼山陽評価および陽明学論をエピソードⅣへの補足として述べ、ついで井上による国民道徳論の系譜を引く亘理章三郎（わたりしょうざぶろう）と、京都帝国大学において高瀬の同僚だった西田幾多郎（にしだきたろう）とを扱う。そのあと中江兆民と渋沢栄一を個別に論じ、彼らが西洋由来の「自由」ということばに何を求めていたのか考察する。

カント哲学（の近代日本における解釈）では、人格とはものごとを自由に考える存在であり、それゆえに尊い。ここで取り上げる人たちはいずれもそれに通ずるものを儒教（朱子学や陽明学）のなかに見た。その理解が儒教解釈として当たっているか否か、またその主張が実践倫理として善いものなのかどうかは、わたしたちが判断すべき問題であろう。彼らが人格と自由に理想をいだいたその思念に、まずは寄り添ってみたい。

Ⅰ　近代における朱子学・陽明学[1]

井上哲次郎の朱子学・陽明学評価

井上哲次郎は明治三九年（一九〇六）一月に刊行した『日本朱子学派之哲学』の「結論」で次のように述べている。

我邦に於ける朱子学は第一期に於て其萌芽を発し、第二期に於て其春花を開き、第三期に於て其果実を結べり、其果実も維新の暴風雨に逢ふて其之く所を知らず、然れども朱子学てふものが、決して全然誤謬なるにあらず、殊に其倫理説中に於ては永遠不滅の真理ありて存すること否定すべからず、是を以て其隠然人心に影響し、国民的道徳を養成する上に於て少からざる関係ありしを想見すべきなり（『日本朱子学派之哲学』五九七―五九八頁）

ここで彼が言う第一期とは鎌倉時代に朱子学が伝来してから室町時代末までの禅宗寺院で僧侶たちによって学ばれていた時期、第二期は江戸時代になって藤原惺窩が登場してから寛政の改革で朱子学が幕府によって正学と認定されるに至る時期、第三期が寛政三博士の活躍から明治維新に至る時期を指している。維新によってその権威は失墜したが、国民道徳に利用できる「不滅の真理」があるというのが、井上の朱子学評価だった。

続く段落で彼は朱子学の特質を「単調」と評する。朱子学派とは「朱子の精神的奴隷」として「朱子の学説を崇奉」する人たちで「殆んど千篇一律の感あるを免れず」、独創的な見解を朱子学派に求めることはできない。「此点に於ては朱子学派の古学派及び陽明学派に及

1　本節は『講座　近代日本と漢学　第4巻　漢学と学芸』戎光祥出版（二〇二〇年）第二部第四章「近代における朱子学・陽命学」を改稿したものである。

ばざること遠し」。

日本の近世儒学を朱子学・陽明学・古学の三つに区分するという、現在でもごく普通に行われている分類法を確立させたのが井上だった。[2] そもそも、彼が三つそれぞれについて概観した『日本陽明学派之哲学』(一九〇〇年)、『日本古学派之哲学』(一九〇二年)、『日本朱子学派之哲学』(一九〇六年)の江戸儒学三部作が冨山房から出版されることによって、この三区分法が普及したのである。[3] 言い換えれば、江戸時代の人たちにとってこの三区分は必ずしも一般的ではなかった。

刊行の順序が陽明学・古学・朱子学であることは、井上(や同時期の研究者・言論人たち)の儒学に対する見方を象徴している。この順序は価値づけの順序でもあったのだ。『日本陽明学派之哲学』の「叙論」でその見解が端的に示されている。長文になるが、有名であり、かつ重要なので引用する。文中の「紫陽」とは朱子のことである。

十七世紀の初め、徳川氏の海内(かいだい)を平定するや、我邦の文運頓(とみ)に旺盛となれり、藤原惺窩主として朱子学を唱道し、林羅山之(こ)れを承けて起り、亦朱子学を鼓吹す、是を以て天下靡然として其風に従ひ、朱子学は建瓴(けんれい)の勢を以て次第に其根柢を鞏(きょ)うせんとせり、此時に当りて若し之れと抗衡して並馳するものなかりせば、我邦の儒教哲学は滔々として唯ゝ此一方にのみ傾注し、忽ち結晶して偏固となり、頑強となり、迷妄となり、全く活気を失へる死学となり了(お)はりしならん、然るに恰(あたか)も好し、朱子学の勃興に伴ひて、之れに反せる古学の大に気燄を揚ぐるあるのみならず、又紫陽と其軌を異にせる陽明学も亦意外の地方より閃として其曙光を洩し、単調一趣の弊を打破するを得たり（『日本陽明学派之哲学』叙論、一―二頁）

主流派の朱子学に対して、日本独自の古学派と、中国ですでに朱子学と対抗関係にあった陽明学とが鼎立していたことが、江戸時代の儒教の特性であり長所だったと、井上は評価しているのだ。

陽明学の優越

井上は朱子学を「官府の教育主義」とする。これは徳川家康の政策であり、林羅山を登用して朱子学を新たな政治秩序を支える思想に認定したという歴史認識である。これに対して陽明学は民間の学問で、「殆んど平民主義の如く」だった。井上は朱子学・陽明学に一長一短があるとする。と言いながらも、陽明学が「学者をして短刀直入（ママ）、其正鵠を得せしむるの

2　山鹿素行・伊藤仁斎・荻生徂徠が古学の提唱者とされる。三人の共通点は朱子学を批判したことにあるが、互いの教説内容は異質であった。このため、現在の研究ではひとくくりに古学派と呼ぶことはない。

3　彼はこの三つの他に折衷学・独立学を立てて五分類にもしており、この分類法も継承された。彼が蟹江義丸（井上の学生）とともに編んだ『日本倫理彙編』（全一〇巻、育成会、一九〇一―一九〇三）はこの構成である。また、独立学派に代えて考証学派を入れる分類法もある。

一点に至りては、確に朱子学に優れり」（同、二一―五頁）。

井上が他の二学派をさしおいて、まずは陽明学の系譜をまとめたのは、明治維新におけるその功績を讃えるためだった。中江藤樹・熊沢蕃山に始まる日本陽明学の系譜に、彼は幕末期の思想家たちとして横井小楠・佐久間象山・西郷南洲（隆盛）・吉田松陰といった人々を並べる。彼らと並べて山田方谷・鍋島閑叟ら倒幕派とは言い難い人物も加えてはいるが、幕府に対して批判的な思潮が陽明学の影響で生じてきたことを示唆していることは明らかである。先述のとおり井上は朱子学者たちを「朱子の精神的奴隷」と表現していた。彼らのなかからは現状批判の発想は生まれない。現状批判をする感性は陽明学の長所であった。

頼山陽への評価

井上哲次郎の朱子学・陽明学の枠組みにおいて問題になったのが、頼山陽の扱いだった。彼の主著『日本外史』と『日本政記』は幕末の人士に広く読まれ、彼らが体制の現状を批判して尊王攘夷運動に走るのに大きく作用した。その意味では井上の性格規定の朱子学にはなじまない。ただし、彼を陽明学に分類することもなかった。『日本陽明学派之哲学』の「結論」で、井上はわざわざこの点に言及している。[4] たしかに頼山陽には朱子を批判したり陽明を賞賛したりする詩がある。しかし、それらは詩文についてのもので思想内容の批評ではない。井上はそう断言し、彼を陽明学の枠の外に出そうとする。

大正四年（一九一五）、『日本朱子学派之哲学』の訂正増補版を刊行するにあたっては、

「頼山陽の精神及び影響」と題する文章を追加している。[5] そこでは繰り返し頼が「朱子学の空気の中に成長した」ことを強調している。たしかに井上が言うとおり、彼の父頼春水や叔父頼杏坪（きょうへい）は篤実な朱子学者として著名だったし、寛政三博士の薫陶も受けている。こうした環境をあげることで論理的に「山陽も大体朱子学であつた」という結論を導こうとしている。もっともこれには留保が必要で、頼が一般の朱子学者イメージから遠い理由として「経学者でなくして寧ろ史学文学の方の人であるが為めに尚更窮屈な朱子学者の態度はなかつた」と弁解を加えている。

史学家ではあるけれども、北畠親房（きたばたけちかふさ）『神皇正統記』と水戸の『大日本史』の精神を受け継いで「大義名分を重んずると云ふのは即ち朱子学者の精神である」。なぜなら陽明学や古学派（ただし山鹿素行を除く）では大義名分を言わないからである、[6] とする。つまり、井上は消去法により、頼は陽明学でも古学でもないので朱子学だと言っているに等しい。

ただ、この論法は『日本朱子学派之哲学』の初版において彼が力説していた朱子学の特

4　同、六二五頁。井上は頼山陽のほか、伊藤仁斎・朱舜水・藤田幽谷・藤田東湖らについても、陽明学からの影響を重視する見解に批判を加えている。

5　『日本朱子学派之哲学』訂正増補版、八二一―八三〇頁。また、頼山陽のほか朱舜水と佐久間象山についての章が増えている。象山については、当初は陽明学者に認定して『日本陽明学派之哲学』に入れていたが、その改訂版では彼を省いている。

6　これはあくまでも井上の理解であり、陽明学でも大義名分を強調する場合がある。

徴、「朱子の精神的奴隷」と矛盾する。こうまでして彼が頼山陽を朱子学に近づけて解釈したのはなぜなのだろうか。

明治の頼山陽

明治三一年（一八九八）、民友社から森田文蔵（思軒）の遺稿『頼山陽及其時代』が刊行された。森田はフランス文学の翻訳家として知られていたが、この前年に三七歳で没している。『頼山陽及其時代』には生前親交があった徳富猪一郎（蘇峰）や山路弥吉（愛山）が序文を寄せている。第四章には山路と森田の往復書簡形式による論争を掲載し、第五章には「鶏肋篇」として山路の「頼襄を論ず」を掲載する。[7] この「頼襄を論ず」への批判が森田に頼山陽論を執筆させる動機となったからだ。[8] そして巻末に山路の「思軒氏山陽論の巻尾に題す」という長い跋文を置く。そのなかで山路は頼の経学を評して次のように言う。

> 先生は其詩文に於て当時の学風に反抗したるが如く、其経学に於ても亦当時の学風に反抗したり。蓋し幕府が寛政年間異学の禁を発せしより世は靡然として学統を一にするの傾向に赴きたり。（中略）而して之と共に朱子学は却つて其熱心なる信者を失へり。是に於て乎、朱子学を職業として、而して其心却つて王陽明に向へる者を生じたり。朱子学は敢て之を議すべからずとして、敬して之を遠ざけ、徒らに煩瑣なる考証を以て其博宏を衒はんとする者をも生じたり。先生が呼吸したる当時の囹圄気は実に此の如くなる

者なりき。（中略）先生の経学は直截簡明なる者なりき。（森田思軒『頼山陽及其時代』、五八三―五八四頁）。

山路は頼山陽を陽明学の影響下にある人物と捉えている。

井上哲次郎が先述の文章で何度も「朱子学の空気の中に成長した」と述べていたのはこうした見方への反論だった。そしてそれは頼と交友関係にあった大塩中斎との相違を強調するためだったと思われる。その背景には明治四三年（一九一〇）の大逆事件があった。井上はかつて明治維新を導いた思想として陽明学を評価していた路線を修正して、体制護持の思想だった朱子学の再評価を行い、その象徴的存在に社会的に高名な頼山陽を選んだと解釈できる。江戸三部作を執筆した当初、井上にとって陽明学は明治維新を導いた顕彰すべき思想だった。だが皮肉なことに、陽明学的心性は江戸幕藩体制を倒そうとしたのと同じように明治天皇制に対する批判勢力を導く危険性があった。大逆事件はそのことを井上に痛感させたのである。

7　山路弥吉「頼襄を論ず」は明治二六年に発表された。「文章即ち事業なり」に始まる山路の代表作の一つで、北村門太郎（透谷）との間に文学論争を引き起こした。なお鶏肋とは「たいして役には立たないが、捨てるには惜しいもの」という意で、山路の謙遜表現。

8　頼山陽は生前にはあまり高い評価を得ていない、海防問題に疎いのが彼の生きた時期によると山路が評した二点について、森田は異存を述べている。

彼らにとって江戸時代の朱子学と陽明学は単に歴史的存在ではなく、時勢と密接に関わる思想だった。[9] この点に、現在との大きな違いがあると言えるだろう。

II 亘理章三郎と西田幾多郎の陽明学発掘作業[10]

多用される「人格」

大逆事件のあと、体制側の学者たちは陽明学を明治維新の革命思想としてではなく忠君愛国の模範例として用いるようになっていく。その際に重視されたのが「人格」という語だった。亘理章三郎（一八七三〜一九四六）の『王陽明』はその一例である（丙午出版社、一九一一年）。亘理はのちに東京高等師範学校の教授を務め、『国民道徳序論』（金港堂書籍、一九一五年）、『国民道徳本論 国性論』（中文館、一九二八年）、『国民道徳論概要』（大成書院、一九三二年）といった本を書いている。

亘理の『王陽明』は「凡例」の第一条に、「本書は王陽明の人格を主題として、其の実生活と学説とを併せ記し、以て吾人の修養に資せんとするのである」と宣言している（「凡例」一頁）。これと類似する文言は巻頭に掲げる「序」でも言われており、そこでは次のように説明されている。

陽明の教訓は、深奥なる哲学的基礎の上に、極めて直截簡易なる実践的工夫を立て、居る所に、無限の価値が存する。故に彼の教訓を学ばうとするには彼の学説のみから解することも出来ない、彼の伝記のみから解することも出来ない。畢竟彼の内的外的生活を統合する所の彼の人格其の者に就いて学ぶを最も適当とするのである。（「序」二頁）

亘理もまた中江藤樹以降、江戸時代における陽明の教えが「断えず官学から排斥せらるる傾があつたにも拘らず、隠然として思想界の奥深き処に一大勢力を有し、国民に不滅の感化を及ぼした」という認識を示している（本編、二頁）。そして、「彼の人格の高大なることは古来の史上に有数なるもの」で、「彼自身の人格は高い程度に於て彼の理想を実現して居る」とし、「此の英霊偉大なる人格は如何にして発展したであらうか。吾人は之を研究して以て人格修養上の教訓を得んと欲するのである」と言う（同、三頁）。

このように、亘理は「人格」の語を多用する。「人格」という翻訳語彙の発明・定着は井上哲次郎の功績と言われている。佐古純一郎『近代日本思想史における人格観念の成立』（朝文社、一九九五年）によれば、井上が友人の中島力造から英語の personality をどう訳

9　徳富蘇峰は大正十五年（一九二六）に民友社から『頼山陽』を刊行し、その第一頁に「同時代の人のやうに、考へられてならない」と述べている。

10　本節は『日本儒教学会報』第二号（二〇一八年一月）掲載「明治後半期の陽明学発掘作業」を元にしたものである。

したらいいかと質ねられ、「人格」という語を推薦したという。それ以前、井上自身が携わった『哲学字彙』（一八八四年）では「人品」、『英華字典』（一九〇六年第三版）では「為人（ひととなり）」と訳されていた。井上・中島両者が関わり明治四五年（一九一二）に出版された『英独仏和哲学字彙』でははっきりと「人格」が選択されている。[11]

亘理の修学期は明治二三年（一八九〇）にドイツ留学から帰国した井上が教壇に立つようになっていた時期だから、この語の多用は不思議ではない。一九一二年にはすでに井上の江戸儒学三部作も刊行されていた。ただ、王陽明を直接この語によって語る書物としては、亘理のこの著作が最初ではあるまいか。

亘理は全書を上編・中編・下編に分ける。上編と下編が王陽明の伝記を、中編はその学説を扱う。伝記を前後二つの編に切断しているのは龍場での大悟、すなわち「心即理」の体認である。そして中編は知行合一（付随的に心即理）・天理・良知の三つの語をもって語られており、その過半が良知の説明に費やされている（『王陽明』一四二―二二〇頁）。致良知説は陽明晩年の教説の眼目であると古くからみなされているのでさして奇異とするにはあたらないが、『伝習録』や書簡を現代語訳（訓読ではなく）しながら頻繁に引用紹介して語られるその良知論は、亘理が「凡例」で宣言したとおり、人格修養の観点から述べられている。

亘理は同書の「凡例」で元良勇次郎（一八五八―一九一二）を「恩師」と呼び、その紹介で東敬治に「疑義を質し、益を得る所が多かつた」と謝辞を述べている（同、「凡例」二頁）。元良は日本における心理学の草分けとして知られ、帝国大学で井上哲次郎の同僚として心理学・倫理学・論理学担当の教授であったがまた同時に高等師範学校で心理学を講じていた。亘理が描く王陽明像に人格という用語が見られることには、元良の影響を見ることができるのかもしれない。

亘理はのちに東京高等師範学校で教鞭を執り、国民道徳論の権威となっていく。その頃、広島高等師範学校の教授としてやはり国民道徳論の重鎮となっていたのが彼と同い年の西晋一郎（一八七三―一九四三）だった。西もまた陽明学に共鳴し、中江藤樹の思想を忠君愛国教育に活かす主張を展開している。そのことは山内廣隆『昭和天皇をポツダム宣言受諾に導いた哲学者　西晋一郎、昭和十八年の御進講とその周辺』（ナカニシヤ出版、二〇一七年）に詳しい。

書写された二首と、されなかった二首

亘理や西と同世代には、また別のかたちで王陽明と「人格」について語る学者がいた。西田幾多郎（一八七〇～一九四五）である。

11　山村奨「近代日本における「人格」の意味　修養と陽明学の関係性から」（『日本研究』六二号、二〇二一年）は、中島もまた明治四四年（一九一一）に小学校教員を対象に「教育者の人格修養」と題する講演をおこなっていることを紹介し、「中島が人格を成長させるために修養を求めたことを確認」している。

西田の日記には、明治四三年（一九一〇）一二月一八日に「午前西晋一郎君来訪」とある（岩波書店版『西田幾多郎全集』第十七巻、二七六頁）。西田は前日から二泊三日の行程で広島を訪問、かつて四高で同僚だった国文学者の堀維孝（ほりいこう）の家に宿泊し、そこに広島高師で堀と同僚の西が訪ねてきたのだ。その夜は他の知人たちも交えて食事をとり、翌日堀・西両名が西田を見送っている。日記を全集所載の索引をたよりに引いてみると、この他にも何度か西田と西は会見しているが、両者は次第に疎遠になったとされており、この広島来訪時の会見が、おそらく最も長時間会ったときだった。

すでに指摘されていることだが、日記の明治四〇年（一九〇七）冒頭に、西田は王陽明の七絶「詠良知四首示諸生（良知を詠ず、四首、諸生に示す）」（『王陽明全集』外集二）第三・第四の二首を写したあとに「人々皆有通天路（人々　みな天路に通ずるものあり）」と書いている。「詠良知四首示諸生」は正徳一六年（一五二一）、江西征伐から紹興に帰還した時のもので、その題のとおり良知についてわかりやすく説いた思想詩である。西田によって書写されている二首は己の心のうちに「定盤針」や「乾坤万有基」があると詠っている。書写されていない二首の方は良知という語を直接用いてそのはたらきについて述べている。

西田は前年の明治三九年（一九〇六）は四月四日のあとの日記を書いていない。こうしたことは、四九年間におよぶ西田の日記には時折見られる現象のようだが、前年途中で挫折した日記を心機一転再開するにあたって、この年の巻頭に王陽明の良知の詩を掲げたのには、やはりそれなりの意味があるだろう。当時、彼は四高での講義内容を「実在論」と「倫理学」という二冊の小冊子で刊行している。前者が三九年一二月、後者が翌四〇年四月のことだという（『西田幾多郎全集』第一巻「後記」、藤田正勝執筆、四五八頁）。日記の欠落により詳細な読書事情は不詳ながら、まさにこの時期に彼は陽明の前掲の詩に何か感じるところがあり、日記の新年冒頭に掲げたのであろう。そして、この二つの冊子がそれぞれのちに『善の研究』の第二編「実在」と第三編「善」になるのであり、また、明治四一年（一九〇八）六月に四高の校友誌に発表した「純粋経験と思惟及意思」が『善の研究』第一編「純粋経験」に、翌四二年（一九〇九）に発表した諸論文が第四編「宗教」のもとになっているという（同、「後記」四六〇―四六一頁）。

西田と京都での同僚として親交があり、彼の日記に頻繁に（索引によればおよそ一〇〇回）登場する狩野直喜（かのなおき）（一八六八―一九四七）は、西田の死を悼む文章にこう記している。「ある私の友人が君の「善の研究」を読み「あれは陽明学だ」と言つたことがある、さう簡単には片づけられぬと思ふが、君は又禅もやつた人である」（「西田幾多郎君の憶ひ出」、『読書簒余』、みすず書房、一九八〇年、一九三頁。初出掲載は一九四六年）。狩野自身は必ずしも同意していないものの、『善の研究』が陽明学的であるという指摘が西田生前からなされていたことがわかる。

「あれは陽明学だ」

『善の研究』第二編「実在」の冒頭、第一章「考究の出立点」には、インド哲学とキリスト教哲学に触れたのち、次のような記述がある。

支那の道徳には哲学的方面の発達が甚だ乏しいが、宋代以後の思想は頗る此の傾向がある。此等の事実は皆人心の根柢には知識と情意との一致を求むる深き要求のある事を証明するのである。(『西田幾多郎全集』第一巻、三九―四〇頁)

「此等」は「印度哲学」・「基督教哲学」を含んでいるのだろうが、知情一致への憧憬的追究の傾向を共にするものとしてここに「宋代以後の思想」が挙げられていることは看過できない。

『善の研究』で具体的に名をあげて言及される過去の思想家は西洋の人物ばかりである。第三編「善」で批判される諸見解（直覚説、他律的倫理学説、自律的倫理学説）でも、他律的倫理学説の権力説において「支那に於て荀子が凡て先王の道に従ふのが善であるといつた」と論及する（同、一〇二頁）程度で、あとはことごとく西洋人である（もっとも、直覚説批判で忠孝・智勇仁義をあげるのは儒家思想を念頭に置くように読めるが、名指しはしていない）。そして、第九章「善（活動説）」で西田自身が賛同する活動説の紹介がなされる。そこに『論語』述而篇で孔子が弟子の顔淵を褒めていることばが引かれているが、全集の「校異」によれば「（初）にはなし」（同、四〇三頁）ということで、初出論文段階では無かったものを単行本で挿入したらしい。初出では単に続く「我々は場合に由りては苦痛の中に居ても尚幸福を保つことができる」とだけあった（同、一一六頁）。この議論の小結として「善とは自己の発展完成 self-realization であるといふことができる」と述べる（同、一一七頁）。述而篇で孔子が弟子の顔淵を褒めているのは、顔淵が貧しい暮らしを気にかけず学問する楽しさを感じていたからだった。西田は単行本の刊行にあたってこの（当時の読書人に必須の教養だった）『論語』の故事を挿入したのである。

いまなら「自己実現」とでも訳すであろう self-realization こそが善に他ならないと西田は言う。続けて、「自己の発展完成であるといふ善とは自己の実在の法則に従ふの謂である。即ち自己の真実在と一致するのが最上の善といふことになる」（同）と述べる。第二編「実在」の議論を受けて両者を論理的に接合した叙述であり、「善を求め善に遷るといふのは、つまり自己の真を知ることとなる。（中略）此場合に於ける知るとは所謂体得の意味でなければならぬ。此等の考は希臘に於てプラトー又印度に於てウパニシャッドの根本的思想であつて、善に対する最深の思想であると思ふ」と続く（同、一一七—一一八頁）。ここにもう一つ、（西田はそうしていないのだが）〝支那に於て王陽明の〟と付加することもできるであろう。

以下、第十章は「人格的善」と題され、『善の研究』ではじめて人格という語が登場する。「善は斯の如き人格即ち統一力の維持発展にある」（同、一二二頁）。人格は「動植物の生活力」（現在の語感では生命力だろうか）や本能ではなく、意識の統一力である。第十一章「善行為の動機（善の形式）」ではカント哲学の人格論を紹介説明しながら「人格其者を目的とする善行為」の意義が説かれ、「至誠の善なるのは、之より生ずる結果の為に善なるのでない、それ自身に於て善なるのである」（同、一二三頁）と言う。第十二章「善行為の目的（善の内容）」ではこの議論は進んでヘーゲル流の「国家は統一した一の人格で」、「我々が国家の為に尽すのは偉大なる人格の発展完成の為である」（同、一三〇頁）という、自己実現としての国家主義の記述に連なっていく。

ただ、第十三章「完全なる善行」では「善とは一言にていへば人格の実現である」（同、一三一頁）という、目的や結果ではなく運動として、静的にではなく動的なものとして善を捉え、それが「真の自己を知ること」であるとする主張には、彼がこの論文を執筆していた時に心に響いたであろう前掲王陽明の良知の詩が隠れていると推察することができよう。

空白の日曜日

明治があと二ヵ月足らずで幕を閉じることになる四五年（一九一二）六月二日の日曜日、第一高等学校構内で「朱舜水先生終焉之地」碑の完成式典が挙行された。井上哲次郎の日記の六月一日条には「舜水記念会より「朱舜水」を送来る、○「朱舜水」を読む、（中略）○「朱舜水全集」を読む」、六月二日条に「午后、朱舜水記念会に第一高に赴く、戸川安宅、安東守男、床次竹次郎、井上友一、田所美治等と会見す」とある（村上こずえ・森本祥子「井上哲次郎「巽軒日記」明治四五年・大正元年」『東京大学文書館紀要』第三五号、二〇一七年三月）。

京都で暮らす西田幾多郎の当日（六月二日）の日記には記載がない。通常、日曜にも何かは記している西田だが、この日は何も書いていない。当時、京都帝国大学で彼と同僚になっていた高瀬武次郎は欧州留学のため日本にいなかった。西田の日記には、この年の一月二九日にその送別会に出席した旨が記されている（『西田幾多郎全集』第十七巻、三〇七頁）。この項を含めて高瀬の名は日記に三回しか登場せず、ふたりがそれほど親密ではなかったことを窺わせる。

西田は国民道徳確立に陽明学を利用する井上・高瀬・亘理・西らとは別の立場で日本独自の哲学を樹立しつつあった。西田は哲学におけるいわゆる京都学派の開祖である。その西田もまた王陽明に刺戟を受けていた。この時期の陽明学が大きな存在だったことを示していよう。

Ⅲ　中江兆民の自由論[12]

ここで世代を遡って幕末に生まれて明治時代に活躍した人物をふたり取り上げる。中江兆民（一八四七―一九〇一）と渋沢栄一（一八四〇―一九三一）である。思想傾向も活躍の場

12　本節は「儒家传统文化対近代日本〝自由〟概念的影响：以中江兆民与江原素六的阐述为例」《日语学习与研究》（二〇二二年第三期）の後半部を元としている。

も異なるふたりだが、ともに「自由」の重要性を説き、その理由づけとして儒教とりわけ陽明学に言及している。そしてこのふたり、若いころは志士をめざしていた点で陽明学的心性の持ち主でもあった。

「危険思想」との結び付き

中江兆民は弘化四年（一八四七）に土佐藩の下級武士の子として生まれた。名は篤介または篤助と表記される。故郷で藩校および陽明学者奥宮慥斎のもとで学び、成績優秀だったため長崎および江戸に派遣されて洋学者箕作麟祥（みつくりりんしょう）の塾に遊学した。明治維新のあと新設された大学南校（現在の東京大学の前身）でフランス学を講義し、明治四年（一八七一）にフランスに留学、三年後に帰国すると東京外国語学校長などを務めた。その一方で、漢文の作文力を高めるために二松学舎で陽明学者三島中洲にも師事している。

土佐藩は板垣退助らによる自由党発祥の地である。兆民も明治一四年（一八八一）に自由党員となり、フランス語の知識を活かしてフランスの学術論文を翻訳し自由民権思想の紹介者となった。なかでもルソーの『社会契約論』（*Du contrat social*）を、はじめ『民約論』として日本語で抄訳、のち、『民約訳解』と題して本文の訳と自身の注解を漢文で執筆した。[13]自由党の機関紙『自由新聞』や主筆を務めた『東雲新聞』で健筆を揮い、薩長藩閥による軍事力強化政策を理論的に厳しく指弾した。明治二三年（一八九〇）の第一回衆議院選挙で立候補し議員に選出されるが、翌年議会の方針に反対して辞任。明治三四年（一九〇一）

に癌で死去する。

エピソードⅣで見たとおり、彼の門人筆頭格は幸徳秋水だった。明治四三年（一九一〇）のいわゆる大逆事件で逮捕されたなかには、首謀者とされた幸徳のほか、奥宮慥斎の子の健之がいた。幸徳は無政府主義者、奥宮は社会主義者で、どちらも天皇制国家に対する反体制思想の持ち主として以前から政府に目をつけられていたことがこの検挙・断罪と処刑の遠因だった。幸徳・奥宮が加わっていたことで一部に陽明学を危険視する言論が生じたし、兆民はこの二人の関係者であったから、褒貶いずれの立場からも彼を陽明学に結びつける場合がままある。

そこでまずは従来の研究で兆民と儒教思想の関係がどう語られてきたかを整理し、それに対するわたしの考えを述べることにする。

丸山真男が見落としたもの

井上厚史は「中江兆民と儒教思想　「自由権」の解釈をめぐって」と題する論考において、兆民の儒教理解をめぐる諸説を比較検討している（『北東アジア研究』第一四・一五合

13　「民約」という訳語を使用した先例として、兆民の師のひとりだった箕作麟祥の『万国新史』（一八七一年刊）がある。狭間直樹は箕作の社会契約説理解は妥当であったと評価し、兆民がそこから学んだ蓋然性を指摘する（『近代東アジア文明圏の啓蒙家たち』京都大学学術出版会、二〇二一年）。

併号、二〇〇八年)。

井上はまず丸山真男の紹介から始める。彼の学説が二〇世紀後半の日本の学界における指導的位置を占めてきたからである。

丸山は、儒教的思惟様式の下に受容され展開した自由民権運動を、国権拡張論と区別されないままに「国家は個人の幸福のためにあるという天賦人権論」を展開させ、そのために「快楽主義的」な個人の自由を「人間の本性」としてとらえてしまったとして厳しく批判している。つまり、儒教的思惟様式のために、西洋的な自由の概念が曲解されてしまったというわけである。[14](一一八頁)

つづいて丸山説を継承する植手(うえて)通有(みちあり)に言及し、丸山と並べてその兆民解釈を以下のように批判する。

植手の説に従えば、兆民は「朱子学的な自然法思想」を信奉していたために、自由や権利の概念を誤って自然法的に「不徹底に」理解してしまった、ということになる。こうして、丸山や植手により、伝統的な儒教的思惟構造、あるいは朱子学的自然法にもとづく西洋思想の理解は、近代日本における自由概念の正確な把握を阻害し、自由民権運動の本格的革命運動への進展を阻んだ諸悪の根源とみなすことが定説化されていったので

ある。[15]（同、一一九頁）

つまり、丸山と植手は、兆民が儒教思想に影響されて西洋近代思想を理解したために、彼が批判した政府側の国権論と同類の誤った自由権理解に至ってしまったとみなしている、というのだ。

兆民の真意

以上の日本思想史における研究とは別に中国哲学分野からの研究として井上は溝口雄三と島田虔次の兆民論を紹介する。[16]

溝口雄三は、ルソー等のフランス語テキストを日本語に翻訳するときに使用された漢語について、徹底的な調査を行った。その結果、溝口は、兆民にとって漢学は所詮「修辞的世界」での影響しか与えなかったと結論づけている。（中略）また、島田虔次は、兆

14 批判されているのは、丸山真男「日本における自由意識の形成と特質」（『丸山眞男集』第三巻、岩波書店、一九九五年）

15 批判されているのは、植手通有『日本近代思想の形成』（岩波書店、一九七四年）。

16 溝口雄三『中江兆民全集　月報』（岩波書店、二〇〇一年）、および、島田虔次『隠者の尊重――中国の歴史哲学』（筑摩書房、一九九七年）

民の民権思想は一見宋学と連続性があるように見えるが、結局のところ、孟子の影響を受けたものであると述べている。（中略）ここに見られる溝口や島田の研究は、語句の同一性にこだわりすぎるあまり、思想の構造に対する関心が欠如しているように思われる。あるいは、朱子学＝宋学との連関を意識的に避けようとしているのかもしれないが、彼らには、荻原〔隆〕や井上〔克人〕の観点から見出された自由民権運動と儒教思想との連関はまったく眼中にはないように見える。（同、一二四頁）

井上厚史は一見島田・溝口の試みを否定しているように読める。だが井上は彼らの解釈、すなわち、（1）兆民が用いた儒教用語は修辞的な次元にとどまっていたこと、（2）兆民が用いた儒教の語彙（たとえば「理義」）は朱子学の影響というよりは『孟子』に直接由来すること、を是認する。

兆民は、当時の日本人が理解しやすいように、儒教的（朱子学的）枠組みに依拠しながらルソーの社会契約論の「訳解」を制作したが、その過程できわめて独創的な儒教思想の読み替えを行っており、それは結果的に、それまでの儒教的政治観や秩序観を解体するとともに、「民約」と「自由権」を当時の知識人をはじめとする一般大衆に理解させることに大いに役立った（同、一二四—一二五頁）

平易さを優先させ、あえて伝統的な儒教的語彙を組み合わせて新語を作りながら『民約訳解』を著述したことを想起すると、兆民における漢学への志向の問題は、西洋的自然権思想と朱子学的自然法思想が類似していたから現れた現象ではなく、兆民によって意識的に採用された解釈上の戦略であったことが理解されよう。（同、一三二頁）

以上の検討を経て井上が達した結論を簡潔にまとめるとこういうことになろう。〝兆民は朱子学を正確に理解したうえで、あえてその本来の文脈から外して朱子学の用語を使い、それによって当時の日本人に西洋近代思想を理解しやすくすることを意図していた〞と。

ルソーの忠実な紹介者だったのか？

こうした井上の解釈に対して、下川玲子は著書『朱子学から考える権利の思想』（ぺりかん社、二〇一七年）所収の「中江兆民における朱子とルソーの受容」と題する論文で丸山も井上もルソーの思想を肯定的に捉えたいがために根本的な誤謬を犯していると批判する。兆民は（丸山説と違って）ルソーを正しく理解していた。また、兆民は朱子学の思想を修辞的に借りたのではなく（溝口や井上の説と違って）本気で信じていた。つまり、兆民は朱子学の観点からもルソーの社会契約説の観点からも正しかったのである。「兆民の思想に問題点があるとすれば、ルソー自身に由来するとも言える」（八九頁）。下川は朱子学と類似しているのはルソーではなく、ロック（John Locke）だというのだ。[17]

だがわたしは下川のこの説にも疑問を感じる。兆民はルソーの忠実な紹介者だったのだろうか。兆民はルソーの社会契約説をきちんと理解してなどいなかった。むしろ下川が指摘するように朱子学と対比されるべきはロック流の社会契約説だった。そしてそれが兆民ら自由民権運動の基本教義となっている。兆民は、朱子学については正しく理解していたが、ロックとルソーの社会契約説の相違について認識できていなかった。つまり、ルソーを正しく理解していなかった。

兆民はルソーの紹介者だと自認しながら、実態としてはルソーとは異なるロック流の社会契約説を提示していたのである。

儒教の伝統的語彙で

この仮説を補強するものとして、最近発表されたエディ・デュフルモン(Eddy Dufourmont)の論文を参照しよう。[18]

デュフルモンは兆民が愛用した「理義」という語に着目する。兆民の著書・訳書に見える「理義」の用例を取り出して一覧表にまとめ、これにもとづいて実証的に議論を展開する。たとえば、フイエの*Histoire de la philosophie*(一八七五年刊)を訳した『理学沿革史』では、「理義」は三二回登場する。デュフルモンはそれらの用例がどの哲学者を紹介する文章に現れるかを数え上げている。その結果は次のとおり。

プラトン　一三回
ベンサム　一回
モンテスキュー　一回
ルソー　四回
カント　一〇回
ヘーゲル　二回
コント　一回

つまり、とデュフルモンは続ける。

17　「ルソーや兆民の思想を扱いつつも、本書はルソーや兆民の問題そのものを解明することを意図しているのではない。日本の人々が西洋近代思想を受容する際に、それまでの基礎的な教養であった儒教思想がどのような役割を果たしていたかを見きわめることによって、朱子学と、西洋近代思想の論理的な関係を明確にすることをめざしている。／そのような観点から結論を述べれば、朱子学的「天理の性」の思想は、権利を本源的に不可侵のものと考えるロックの論理とむしろ類似性がある。ルソーの思想は、絶対王政を擁護する論理ともなったホッブズの論理と近い」（八八―八九頁）

18　エディ・デュフルモン「新カント主義の先駆者としての中江兆民　「理義」から見た1880年代における兆民の自由論と孟子、カント、ルソーとアレクサンダー・ベイン」『日本漢文学研究』第一六号（二松学舎大学東アジア学術総合研究所日本漢学研究センター、二〇二一年）

ルソーにもまして、カントについて紹介した章において、とりわけ、『実践理性批判、道徳学原論』を検討した部分において、兆民は「理義」の語を用いている。[19]（一三三頁）

以下、カントに関する記述から「問題のくだり」とみなした四つの部分について、フイエのフランス語原文とその現代日本語訳を提示したうえで、兆民『理学沿革史』の翻訳を引用する。

ここでその詳細は紹介しない。わたしの議論にとって重要なのは、兆民が「理義」と訳した語と並んで原文に libre(s) が登場することである。兆民において「理義」にあたる原語（フランス語）は théorie、vérité、justice、raison と多様であった。そしてデュフルモンが四つの引用文の現代日本語ですべて「自由」と訳している libre(s) を、兆民も三つでは「自由」と訳しているが、一つでは「自主」と訳している。

このことは一見当然のようであるけれども、以下の点を顧みれば意外に重要かもしれない。すなわち、兆民はこの「理義」といい、「理学」といい、当時すでに日本では別の新しい語彙で訳されていた概念をあえて儒教の伝統的語彙で訳出することに意識的だった。それは井上厚史の論考が指摘したとおりである。とするならば、兆民が libre を「自由」という、儒教ではほとんど使われてこなかった訳語（そして、福沢諭吉・中村正直らによって定着していた訳語）を使用したことに、なんらかの兆民のメッセージを読み取ることができるかもしれないという推測である。この件について、のちほど考察してみる。「理性と自由の結合は、兆民によって、「至理ノ本質ハ理義ト自由是ナリ」と訳されている」（同、一三二頁）。デュフルモンはそう述べる。「兆民は、1880年代に自由を日本人にアピールをするために、単に孟子の「浩然之気」を引用して道徳的自由を表現したばかりでなく」、西洋伝来の心理学を組み合わせたというのだ。（同、一一八頁）

兆民が利用した西洋の心理学とはカントの影響を受けたベイン（Alexander Bain）のものだった。ベインは一九世紀後半に活躍していたスコットランドの哲学者で、日本では「倍因」と表記され、その著 *Mental and Moral Science*（一八六八年刊）は一八八二年に井上哲次郎らによって『倍因氏心理新説』と題して抄訳されていた。エピソードⅣで述べたカントの利用が、そこで紹介した諸事例よりも早く、すでにこうしたかたちで自由論の移入にあたって行われていた。

カントの名が動員されるのは、カントとの哲学的対話以上に、兆民がバルニやフイエを通して理解したことに用いていることが認められる。自由の名において道徳を求め、打ち立てたフランスの新カント派の思想家たちの方が、カント以上に、兆民にとっては重

19　なお、デュフルモンによれば「モンテスキュー、ルソー、カントの場合に肯定的に現れる一方で、プラトン、ヘーゲル、コントの場合には批判するために使用されている」。（一三六頁）

要であった。フランスの思想家たちを通じて、兆民は日本に自由を打ち立てようと試みたと言える。（同、一三〇頁）

井上とデュフルモンの説を併せて考察すると、兆民がルソーの思想から何を読み取ろうとしたかが見えてくる。兆民はルソー自体を正しく解釈して紹介したのではなく、フランスやスコットランドでカントの影響を受けた哲学者たちの著作を通じてルソーの自由論を理解し、それが日本に有用であると判断したのである。しかも、その自由論は日本人に全くなじみのないものというわけではなく、『孟子』を通じてすでに血肉化している「理義」という語で表現される内容と緊密な関係を持っている（と兆民は理解した）。「自由」という語は、自由党員である兆民にとってはすでに所与のものだった。この語がルソー（その実際の思想ではなく、兆民が理解したルソー）における鍵概念（キーワード）であるということになれば、自由党の社会的意義が宣伝しやすい。わたしが〝兆民は儒教の影響を受けたがゆえにルソーを正しく理解できなかった〟とみなしたのはこうした理由からである。

「自由」と「由己」

兆民の『民約訳解』（一八八二年）は漢文である。当時の日本の読者層がそれを読みこなせたこと、少なくとも兆民がそれを期待していたことを意味するだろう。とともに、より重要なのは、当時の和文の諸形態では、候文にせよ擬古文にせよ、ましてや口語体では、こうした思想的な文章を正確に翻訳できないと兆民が判断していたことである。江戸時代の蘭学誕生を告げる『解体新書』が、やはり和訳ではなく漢訳だったのと共通する。したがって原文引用の厳密なやりかたとしては『民約訳解』を漢文のままで掲げるべきであろう。わたしは以下でその書き下し文を作成して「引用文」と称するが、それはルソーのフランス語やカントのドイツ語を日本語に直して引用するのと同じ、「翻訳」であることを認識していただきたい。

『民約訳解』第一章「本巻旨趣」は次のように始まる。

> 昔、人の初めて生ずるや、皆趣舎は己に由りて人の処分を仰がず、是を之、自由の権と謂ふ。（三頁）

これはルソー『社会契約論』冒頭の訳文に相当する。ここで表現上のこととして注目したいのが「趣舎己に由る」だ。「趣舎」は取捨することで、それが「己に由る」というのだ。「己に由る」の原文「由己」はごくありふれた表現に見える。しかし、当時の読者層ならこの二字を見てただちに『論語』を想起したに違いない。顔淵篇の第一章である。これまた訓読で引用する。

> 顔淵 仁を問ふ。子 曰く、「克己復礼を仁と為す。一日克己復礼すれば、天下は仁に帰

せん。仁を為すは己に由る、人に由らんや」。

克己復礼（己に克ちて礼に復る）の一句で有名な章であり、特に朱子学・陽明学においては各人の心の修養がいかに重要かを説いた象徴的な教えとして重視された。[20]「為仁由己」すなわち「仁は自分から実践するものだ」という儒教的な命題、すぐ続けて孔子が口にした反語表現「人に由らんや」、すなわち「他人に頼って克己復礼を行い仁を実践するのではない」という強い否定。これが『民約訳解』で兆民がルソーの訳文として言う「取捨は自分で行う」と響き合っている。井上厚史が指摘していたように読者になじみやすい用語として、兆民はここで意識的に「由己」を用いたと判断してよいだろう。

とするならば、「自由」という語が「由己」の同義語であることに我々は気づくべきである。「自由」は「みずからによる」と訓読し、「由己」は「おのれによる」と訓読するが、「みずから」と「おのれ」は同じである。中国語では語法上、「自」は動詞の前に置き、「己」は通常の名詞が目的語（賓詞）として使われる場合と同じく動詞の後に置くという相違があるため、見た目には違う文言に見えるが、実は同じなのだ。「自発」は「己を発す（発己）」だし、「自律」は「己を律す（律己）」である。

思うに兆民の自由論の要は、「自由」という翻訳語を『論語』の「由己」と結びつけ、これを朱子学・陽明学的な解釈によって個々人の心構えの基底に据えたことにある。自由党幹部のひとりとして、兆民は政治をよくするのは個々人の心がけによるのだということ、逆にいえば「おかみ」に頼っていてはダメだということ（＝「人に由らんや」）を、儒教の教説に結びつけて説いた。それが社会契約説を正確に理解したものかどうかは副次的なことにすぎない。そうであってこそ、中江兆民の自由論は西洋近代思想の単なる模倣ではなく、その刺激を受けて東アジアの儒教文化圏に生まれた独自の理論と評価しうるのではなかろうか。

Ⅳ　渋沢栄一の自由論[21]

渋沢家での論語学習会

渋沢栄一は「日本資本主義の父」と呼ばれている。銀行・証券取引所・商工会議所・海上運輸・製紙・私鉄など多くの産業の育成にあたっただけでなく、私立学校・福祉施設にも関わり、また大正一二年（一九二三）に起きた関東大震災からの復興事業に私費を投じたほか義援金募集運動も担った。令和六年（二〇二四）からは一万円の日本銀行券の「顔」として、わたしたちの日常生活を温かく見守ってくれるはずである。

20　朱熹『論語集注』はこの章の「為仁由己」を「さらに仁は自分から進んで行うのであって、他人が関わることのできるものではないと言い、仁を行うきっかけは自分にあるのだから難しいことではないことを示した」と解している。

21　本節は、二松学舎大学東アジア学術総合研究所編『論語と算盤』の真実　日本近代史の中の渋沢栄一』（長久出版社、二〇二三年）所収のものを元としている。

渋沢は天保一一年（一八四〇）に武蔵国北部の農家に生まれた。農家といっても藍染めや養蚕を副業とする裕福な家の跡取り息子で、読み書き算盤はもちろん、漢学教育も受けていた。折から西洋諸国への開国が国論を二分する時代であり、彼は友人たちとともに水戸学の尊王攘夷思想に心酔する。近隣の上野国高崎城を占拠して武器を奪い、それによって横浜の外国人居留地を襲撃する計画を練り、幕府官憲に追われる身となったりもした。上京してから縁あって徳川慶喜に仕え、彼の将軍襲封により幕府直参となる。パリ万国博覧会に徳川昭武（慶喜の実弟）の随行員として渡欧し、ナポレオン三世治下に繁栄するフランスの産業を実見する機会を得た。大政奉還の報を聞いて昭武とともに帰国し、徳川宗家の駿府転封に従って静岡で暮らしたのち、明治二年（一八六九）に呼ばれて東京の新政府に出仕する。明治六年（一八七三）に政府を辞してからは民間財界人としてさきほど列挙した各種事業に携わった。昭和六年（一九三一）一一月一一日死去。その二ヵ月前に満州事変が始まり、彼が経済的繁栄の基礎を築いた大日本帝国はすでに奈落への道を走り出していた。

渋沢は幕末期に教育を受けた世代の一員として少年期から『論語』に親しんでいる。[22] 晩年の著書『論語と算盤』の最初の章「処世と信条」で彼は次のように述懐している。「其れから」とは、大蔵省を辞して彼自身の表現によれば「論語の教訓を標準として、一生商売を遣つて見ようと決心した」あとを指す。

其れからといふものは、勢ひ論語を読まなければならぬ事になり、中村敬宇先生や、信夫恕軒先生に講義を聴いた、何れも多忙なものだから、終りまでは成し遂げなんだが、最近からは大学の宇野さんに願つて復た始めた、主として子供の為に遣つて居るが、私も必ず出席して聴き、そして種々と質問し、又解釈に就て意見が出たりして、中々面白く有益である（二〇頁[23]）

中村敬宇（名は正直）は幕臣の子として江戸に生まれ、若くして昌平黌教授を務め、幕府派遣の英国留学生団の引率役でロンドンに赴き、そこで大政奉還・戊辰戦争の報に接した。ヨーロッパ滞在中に政変が起こって帰国した点で渋沢と共通する。帰国後は渋沢同様に一時静岡で過ごしたのち、東大の教授に就任した。信夫恕軒は鳥取藩医の子として江戸に生まれ、維新後は漢学塾を開き、東大や攻玉社で講師を務めている。そして「宇野さん」こと宇野哲人は熊本の出身で東京帝大を卒業、明治三八年（一九〇四）に助教授に就任している。明治三九年（一九〇六）から清国およびドイツに留学、四三年（一九一〇）に帰国した。渋沢が自家に招いたのはその直後である。

22　『渋沢栄一伝記資料』第四一巻三七三頁「元来予の父は論語が好きで、而かも極く厳びしい人であつて予は子供の時から、少しの失策でもすれば、直ぐに論語を引き合ひに出されて叱り付けられたものである。それで其時から論語の事は頭に入つて居た」

23　一九二七年に忠誠堂から刊行された版を国立国会図書館デジタルコレクションにて閲覧した。

このことは渋沢の外孫穂積重遠（ほづみしげとお）による『新訳論語』（社会教育協会、一九四七年）の「はしがき」にある次の記述からも裏付けが取れる。穂積は渋沢の長女歌子と穂積陳重（のぶしげ）の間に生まれた第一子で、渋沢にとっては初孫であった。

> 大学生の時だったか、祖父が誰か先生をお頼みして息子たち孫たちといっしょに『論語』の講義を聴こうと言い出したので、大賛成をすると同時に、古くさい儒者先生では居眠が出るから若い先生にしてくださいというので、当時洋行帰りの少壮学者だった宇野哲人先生をお願いしたが、講義が非常におもしろく、先生が若いものだから皆が遠慮なく脱線的な質問や反対論を持ち出し、相当年月はかかったが、とうとう『論語』全部を卒業して『孟子』にうつったところで、私は留学に出かけてしまった。（講談社学術文庫版、三―四頁）

穂積も実は明治四三年（一九一〇）から東大助教授であり、学部は違うが宇野の同僚だった。年齢も宇野は明治八年（一八七五）生まれ、穂積は明治一六年（一八八三）生まれなので八歳しか違わない。穂積のドイツ留学出発は大正元年（一九一二）なので、その頃には『論語』は講じ終わっていたことがわかる。講談社学術文庫の宇野精一（哲人の子）の「解説」によれば、この講義について「渋沢の第一目的は、孫の敬三の教育にあった。（中略）あるいは敬三の中学入学を契機として計画されたことではないかと推測する」（同、五二六

―五二七頁）とのことである。敬三の中学入学は哲人の帰国の前年、明治四十二年（一九〇九）のことだった。

渋沢は長男篤二をその放蕩ゆえに廃嫡し、孫の敬三を後継者に指名していた。宇野を家庭教師に迎えての渋沢家での論語講義は、敬三に対するいわば帝王教育だったのである。渋沢は『論語』をその教材に選んだ。それには自身の体験による裏付けもあったであろうが、人格を磨くに適切な書物として『論語』を評価したからでもある。

人格と修養

『論語と算盤』には「人格と修養」と題する章がある。

初めの節は「楽翁公の幼時」と題され、江戸後期に老中を務めた松平定信（楽翁はその号）の『撥雲筆録』からその幼少期のエピソードをいくつか紹介している。渋沢は晩年『楽翁公伝』を執筆し、序文も書いていた。渋沢没後の昭和一二年（一九三七）に岩波書店から刊行されている。渋沢は定信が若いころ、時の権力者田沼意次の殺害を考えていたという話に触れながら、この節をこう結んでいる。

是に依りて見ると、此御方は天才を有つて居られて、而して或点には余程感情の強い性質を有つて居られたが、これと同時に大層精神修養に力を尽され、而して遂に楽翁公の楽翁公たる人格を築き上げられたものと見えるのである。（一三二頁）

ここで渋沢が述べていることになんら独創的な内容はない。定信のように朱子学を信条とした江戸時代の武士たちは誰しもこのような態度、すなわち自分の感情（朱子学の用語で人欲）を抑える精神修養（同じく修己、すなわち克己復礼）を実践して聖人に一歩でも近づこうとしていた。ここでこだわってみたいのは渋沢が「人格を築」くという表現を用いていることである。

「人格と修養」というこの章が松平定信の事例から始められているのは、これを通じて第二節「人格の標準は如何」を導き出すためだった。渋沢は、人の真価は「其人の世に尽したる精神と効果とに由つて」判断されるべきである、その点で孔子は文王・武王・周公（中国古代の周を建国した一家）に遜色無いのだと言っている。孔子を文王・武王・周公の後継者と捉える評価は儒教に伝統的なものだし、とりわけ彼らの道徳性を強調するのは朱子学や陽明学の特徴だが、それを「人格」という近代的語彙で渋沢が語っていることが注目される。

『論語と算盤』の初版刊行は大正五年（一九一六）である。井上哲次郎の『人格と修養』の翌年のことであった。井上の『人格と修養』には「孔子及孔門の諸弟子に就いて」という文章が収められている。

彼はドイツの哲学者ヘーゲルが「論語を平凡なる格言集」と酷評したことを「哲学といふ立場」からはもっともなこととしつつ、「論語は初から哲学として編纂されたものでない。併し、人格本位の立場から見ると、論語は聖人の遺訓を記載したものであつて、（中略）孔子の学問は哲学ではなくして道徳である」と述べる（『人格と修養』一二二頁）。しかも「倫理学といふ様なものではなくして寧ろ実践道徳といふ様な極手近い常識的のものである」（同）。

井上哲次郎の名は「井上博士」などとして渋沢の『論語』に関する講演記録のなかにたびたび登場する。本篇エピソードⅣで紹介したように陽明学会の「講演会」で講師として共演したこともある。明治四二年（一九〇九）三月二一日のことだ。この「講演会」は、複数の演者が順に登壇して講演する形式で、彼らのほかには大隈重信・三宅雪嶺・新渡戸稲造が講師を務めている。

この時の渋沢の演題は「学問と事業」で、朱子学は学問と事業（実践）とが乖離しているので「朱子学を排斥して陽明学に左袒したいと思ふ」と述べている（後掲『渋沢子爵活論語』六〇頁）。いささか主催団体へのリップサービスの気味があるとはいえ、彼の持論であった実践重視に叶う見解ではある。

『論語と算盤』の「人格と修養」に戻ると、さきほどの「人格の標準は如何」に続く節は「誤解され易き元気」と題され、当時の「元気」の用法（一〇〇年後の現在とほぼ同じもの）と区別して、本来の「元気」の意味は『孟子』に見える浩然之気・至大至剛であり、また福沢諭吉がいう独立自尊にも通じて「自ら助け、自ら守り、自ら治め、自ら活きる」ことだとする。そして次の節「二宮尊徳と西郷隆盛」でこの二人を讃え、さらに次の「修養は理論ではない」で理論と実践の両立を説き、「平生の心掛が大切」、「須らく（すべか）其の原因を究むべし」、「東照公の修養」、「誤解されたる修養説を駁す」、「権威ある人格養成法」、「商業に国境なし」と続く。

『論語』を学ぶことは人格の修養に役立つ。こういう言い方は現在では何ら不思議ではない。ところがそもそも「人格」も「修養」もこの頃に普及した言葉だから、それ以前にこの「人格の修養」という表現は存在しえない。渋沢はまだ生まれてまもないこの「人格」という語をしばしば使っている。

安達大寿計編『渋沢子爵活論語』（宣伝社、一九二二年）第六章「道徳と論語」には（さきほどの例のように「と」で繋ぐのではなく）「人格の修養」と題する節がある。そこに引かれているのは、まず明治四一年（一九〇八）八月に埼玉学友会で行った講演の一節で、人格の定義をめぐる学者たちの議論はさておき、常識を持ち、品行方正・気性高尚、仕事ができて卑下しないのを「完全な人格を具へた人」とみなすと宣言している（一六四頁）。

また、菊池暁汀編『処世論語』（弘学館書店、一九一七年）の「大国民的修養法」では、第一次世界大戦を経て日本は世界に誇る強国となったのだから「大国民たる人格を備へねばならぬ」し、その職業を問わず「苟も社会に処して行く上には、この人格を高むる事が最も必要である」と述べている（一七二頁）。そこでは思想が高尚であることだけでなく、「言行は努めて温厚にして篤敬」を要するとも言う（同、一七四頁）。

『実験論語処世談』

渋沢にはその名義での『論語講義』と題する本があり、二松学舎出版部から大正一四年（一九二五）に刊行されている。[24]しかしながら、笹倉一広「渋沢栄一『論語講義』の書誌学的考察」（『言語文化』四八号、二〇一一年）は丹念な資料調査と分析の結論として次のように述べている。

《講義録》連載の渋沢栄一の論語の講義は、尾立維孝が『実験論語処世談』に基づいて起稿したもので、渋沢の校閲を経た上で連載されるはずであった。字解、訓詁も専ら尾立が担当した。ところが、渋沢の校閲が間に合わず、尾立の原稿のままで刊行が始まってしまい、渋沢の校閲が追いつくことは竟になかった。刊行後も渋沢は15号までは尾立の原稿を校閲し手をいれた。しかし、後世に残るものだから出版に間に合わなくとも、証拠として校閲したいという願いを渋沢は持っていたにもかかわらず、以後の原稿の校閲を放棄してしまった。（中略）一方、『論語講義』は《講義録》掲載終了後、渋沢の校閲は反映されることなしに、そのまま紙型を流用して《初版本》が刊行された。そして戦後、その《初版本》を元に《新版》《文庫版》が刊行され今に到っているのであり、今日我々が『論語講義』で目にするものは種本は渋沢のものとはいえ、尾立の文章のままなのである。その中には尾立の創作にかかる記述がある可能性も決して低くはない。

24　同書は一九七五年に再刊され、また講談社学術文庫にも全七巻で収録されている。

（一四四頁）

『実験論語処世談』は大正四年（一九一五）から一三年（一九二四）にかけて『実業之世界』に、また同時並行で『龍門雑誌』にも掲載されていた『論語』についての渋沢の談話で、その途中で大正一二年（一九二三）にいったん刊行された。そこでここでは『実験論語処世談』（『渋沢栄一全集』第二巻に「実験論語」として収録、平凡社、一九三〇年）から渋沢の発言を紹介していく。

まず最初に取り上げるのは、渋沢の実用主義を示す事例である。

文芸を以て立つ儒者は是れを称して小人儒と謂ひ、道徳を以て立つ儒者は是れを称して君子儒と謂ふべきものだらうと私は思ふが、朱子集註の圏外には、謝氏の説として、小人儒とは利を事とする儒者で、君子儒とは義に就く儒者の事であるとの意が載せられてある。然し之れは宋儒の曲説で、猶且(やはり)君子儒とは道徳によつて立ち、経世済民を以て我が天職なりとする儒者を指し、小人儒とは徒(いたずら)に文芸を講ずるのみを是れ事とし、経世済民の念が無い腐儒の事であらうと私は思ふのだ。（「君子儒と小人儒との別」『渋沢栄一全集』第二巻、三二三頁）

これは雍也篇の（朱熹『論語集注』の数え方で）第十一章、孔子が子夏に対して「なんじ君子儒となれ、小人儒となるなかれ」と告げた章で、『論語集注』ではこう解している。

儒は学者の称。程子曰く、「君子儒は己の為にし、小人儒は人の為にす」と。〇謝氏曰く、「君子小人の分は義と利との間のみ。然れども所謂利とは、豈に必ずしも貨財を殖やすの謂ひならんや。私を以て公を滅ぼし、己に適して自ら便とす、凡そ以て天理を害すべき者は皆利なり。子夏は文学に余りありと雖も、然れども其の遠き者大いなる者を意ふこと或ひは昧し、故に夫子之に語るに此を以てす」と。

途中にある〇印以下に引かれている「謝氏」とは謝良佐（程顥・程頤兄弟の弟子）のこと。朱熹は程頤の解釈に従って、君子と小人の区別を天理に叶う義を行うか自分の利を図るかにあるとする。そしてそれに補足して謝良佐の所説、すなわち「利」とは経済的な利得のことのみを意味するのではなく、自己の便益を図る行為全般を指すとする説明を加えている。朱熹の『論語或問』ではこの謝良佐の解釈について、心の微妙な働きに注意を喚起させるものと評価している。[25]

『論語集注』が引く程頤の解釈は、憲問篇第二五章の「古之学者為己、今之学者為人（古の

25 原文は「謝説利非必殖貨者、尤可以警学者用心之微也」。なお『論語或問』ではこの章を第一二章と数えている。

学者は己の為にし、今の学者は人の為にす)」をここと結びつけたもので、君子＝いにしえ、小人＝いま、という対比を作り出している。「己のため」・「人のため」という表現は、一見、前者は自利で悪いこと、後者が利他で良いことと取りかねない箇所であるが、朱子学の『論語』解釈ではここの「己のため」というのは自分自身の修養、すなわち天理への回帰、「人のため」というのは他者からの声望・名誉を目的とすること、すなわち人欲の意味だとする。[26]

なお、雍也篇の君子儒・小人儒について、三世紀の何晏『論語集解』(その数え方では第一三章)は孔安国という学者の、君子は道を明らかにする(すなわち世のため人のために働く)のに対して小人は自分の名声をほこるという説を使っている。朱熹(および彼が引く程頤・謝良佐)のように内面の動機そのものを問うのとは異なる力点の置き方をしていた。

これらの説に対して渋沢は、君子儒＝道徳を以て立つ儒者、小人儒＝文芸を以て立つ儒者、という対立項に仕立てている。君子儒に対する解釈は朱子学の捉え方と同じだが、小人儒の性格を「文芸」だとしている。これは、この章の質問者の子夏が、先進篇第三章のいわゆる孔門十哲の最後に「文学」として子游と並んで挙げられていることを受けたものである。[27]

渋沢は「文学」的性格が子夏に濃厚なことを捉えて、経世済民を基準に据え、それに意欲を持った道徳によって立つ生き方(君子)と、そうしたことには関心をいだかず文芸活動(「文学」)に自足している小人とを区別したのだった。その価値評価は、謝良佐のように利を図ること自体が悪であるとする潔癖主義の対極にある人生観である。

渋沢がこう発言したのは一九一〇年代、大正年間だった。いわゆる高等遊民が誕生し、「文学」ではのちに私小説と呼ばれる作品が人気を博しつつあった。彼らの生き方に対して、渋沢は明治の国づくりに尽力してきた世代の人間として、もどかしさを感じていたのかもしれない。

理想論への批判

これと同類の発言は他にもある。

西洋の哲学者だとか倫理学者だとかいふ者の学説も、亦兎角理想論に走りたがり、論語の如く読めば直ちに起つて行ひ得る実地に適切な意見では無いのである。総じて理想論には、反動の傾向を帯びた矯弊的な短所のあるもので、唯神論の盛んであつた後に

26　古い時代の解釈の代表である何晏『論語集解』では孔安国の説、「己のため」とはきちんと履行すること、「人のため」とは言うだけ（で実行しない）ことだとする解釈を引用していた。

27　先進篇第三章は次のように孔子の弟子たちの名を列挙しており、後世、孔門の四科十哲と呼ばれるようになった。

徳行：顔淵、閔子騫、冉伯牛、仲弓。　政事：冉有、季路。

言語：宰我、子貢。　文学：子游、子夏。

は、唯物論起り、唯物論が盛んになれば、今度は又唯神論が起るといふやうな順序となり、一時欧羅巴にも国家主義の学説が盛んであつた後には、ヂヨン・スチユアート・ミルの如き個人主義の説が起つたのである。(「道徳の伴ふ富力の勝」『渋沢栄一全集』第二巻、五一七―五一八頁)

この「道徳の伴ふ富力の勝」という節は、第一次世界大戦での日本側の勝因(というよりも、ドイツ側の敗因)が単なる軍事力・経済力にではなく、道徳によるところが大きいと主張した文章である。そのなかで『論語』が説いている実際的な道徳と相反するものとして「理想論」が批判対象になっている。西洋哲学史・倫理学史を唯神論対唯物論、国家主義対個人主義の対立図式で捉えるのはもちろん単純化しすぎているきらいがあるが、これは当時の講壇哲学における整理に基づいていた。

蟹江義丸『西洋哲学史』(博文館、一八九九年)は、古代・中世・近世の三区分でギリシャ・ローマ哲学(古代)、キリスト教哲学(中世)、そして一七世紀のデカルト以降(近世)を語るという、すでにヨーロッパで確立し、日本では今でも一般的に通用している大枠で哲学の発展を描いた。つづいて大西祝『西洋哲学史』(東京専門学校出版部、一九〇一年)、波多野精一『西洋哲学史要』(大日本図書、一九〇一年)など、やはり大学での講義をもとにした概説書が出版される。さきほど登場した中島力造も『西洋哲学史十回講義』(冨山房、一九一一年)を出版している。西洋哲学における唯神論(ないし唯心論)と唯物論との論争の歴史がこれらの本を通じて紹介されていた。

渋沢がこれらの哲学書を読んでいるのかどうか、わたしは調査していないけれど、少なくとも女婿の穂積陳重らを通じて耳学問としては知っていたと思われる。右の引用文は、それら西洋哲学史における論争を『論語』の実地的な教説と引き比べて、やや敬遠すべきものとして扱っていた口ぶりである。

渋沢のように幕末期に儒学を学んで人間形成を遂げた世代は、その西洋経験によって自分たちが信奉してきた孔子の教説のなかに近代西洋で重んじられてきた考え方に通じるものを見出し、西洋崇拝（文学かぶれ・哲学かぶれの高踏主義など）を冷めた視線で眺めることができたのだろう。

区別がある上での合一

渋沢の人生に即して振り返れば、渋沢自身若い頃にはまず水戸学の尊王攘夷論にかぶれて横浜焼き討ち計画を企て、上洛後は一転して開国政策を推進する徳川慶喜に心酔してその側近となり、幕府倒壊後は維新政府の大蔵官僚として出仕、その後は実業界での大活躍と、まさに理想論を追い求めて極端から極端の転変を経ているわけで、憶測を逞しうすれば、自身の来し方を振り返ってもう一度『論語』の、地に足がついた教説の価値を強調しているのかもしれない。

次に掲げるのは子罕篇第一章についての発言である。この章の『論語』本文と著名な注釈者たちによる解釈はあとで紹介する。

畢竟算盤を弾く事は利であるが、論語は道徳である。私は此の二つが伴はなければならぬと信ずるを以て、論語の訓へを咀嚼して処世の道として居るが、又後進の人々にも此の二者の並行しなければならぬ事を説いて処世訓としてゐる。斯くて克く道徳を守り、私利私慾の観念を超越し、国家社会に尽すの誠意を以て得たる利は、是れ真の利と謂ふを得べく、又三島先生の義利合一論に合致するものであると信ずるものである。（「私利私慾を排す」同、五八三頁）

『論語』と算盤の関係を端的に語っている一節である。この引用箇所では結論として「三島先生」すなわち三島中洲の義利合一論に合致すると言っているが、この一節の直前では三島が「利は義なり」と解釈したのに対して、利はやはり利と解釈すべきだと述べており、渋沢が決して義と利とを同じものと考えていなかったことを示している。いちおうの区別がある上での合一なのだ。

この章の『論語』本文は「子罕言利、与命与仁」という、わずか八文字の簡潔なものである。「子罕言利」は「子　罕に利を言ふ」と読み、孔子が「利」を滅多に口にしなかったという意味でまちがいない。

ところが、後半の文言「与命与仁（命と仁と）」は解釈者たちを悩ますものだった。なぜなら『論語』を一読すればすぐわかるように、そこには「仁」という字が頻出するからである。「命」もかなり目に付く。[28]「利」は両者に比べれば少ないし、そもそも利という語彙は否定的な意味合いで使われることが多いので「孔子は滅多に語らなかった」ということは妥当であろう。ではなぜ、命や仁のような重要な語彙が利と一緒にされて並んでいるのか。

敦煌の莫高窟で発見されたペリオ文書二五一〇号に記された二世紀の鄭玄（じょうげん）の註解によると、「利は行いを傷つける恐れがあるから滅多に語らなかった」のだそうだ。何晏『集解』はここの利を「義の和」、すなわち『易』で使われている意味、訓読で「よろし」と読む用法であると解釈している。朱熹『集注』になると一転、程頤の「計利則害義（利を計れば則ち義を害す）」と、義と両立しえない語だとしている。渋沢がこの朱子学的な解釈に反発していたことは言うまでもない。

ところが荻生徂徠は、「子 罕に利を言う。命とともにし、仁とともにす」という独自な読み方を提唱した。つまり、「孔子は利について滅多に語らなかった。語る場合には必ず命や仁と一緒に語った」と言うのだ。こう解すれば、『論語』に命・仁が頻繁に登場することとこの章の発言とは矛盾しない。徂徠も朱子学同様に利を悪い意味に取っているのだが、孔子の利に関する発言には常に命や仁が伴っていたと解釈することで、その否定的意味を薄める

28　「中国哲学書電子化計画」http://ctext.org/ancient-classics/zh によれば、「仁」は里仁という篇名を除いて一〇九回、「命」は二四回、「利」は一一回。

効果をもたらしていた。

渋沢の『論語講義』巻五の当該章は、『実験論語処世談』の再利用である。ただ、最初の語釈のところでは江戸時代後期の儒者亀井南溟（南冥）の説を引いている。南冥の説とは、その『論語語由』所載のもので、徂徠『論語徴』が二つの句に区切ったことを批判する内容だった。渋沢は『論語』全体に南冥の解釈を高く評価しており、『論語語由』刊本の亀井昭陽旧蔵本を大正八年（一九一九）に影印頒布し、「刻論語語由跋」を付している。渋沢ないし尾立維孝は、『論語講義』で徂徠の解釈ではなく南冥によるその批判に従い、何晏の「利は義の和」という説を採用している。

ところが、穂積重遠『新訳論語』では徂徠説を採用している（講談社学術文庫版、二二五頁）。もっとも、これは穂積重遠の説だから祖父の渋沢栄一とは切り離して考えるべきかもしれない。徂徠の『論語徴』は重遠も知っていた。徂徠の学説、礼楽刑政そのものが先王の道であるという理論は、法学者穂積陳重・重遠父子の考え方に近かったと思われる。実業界で生きた渋沢と、日本の法学を担った穂積父子との、その生き方の違いが「利」という字の解釈の違いに対応していると言ったら、こじつけに過ぎるだろうか。

渋沢の『論語』ずきは、その娘婿や孫によって、また違う形で継承されていったのである。

自由の意味と価値

最後に付け加えておきたいことがある。『論語と算盤』の「教育と情誼」という章で、渋沢は知育偏重の現状を批判して徳育の重要性を説き、軍人社会では規律・人格・徳義が求められるとしたうえでさらに次のように述べている。

> 実業界に立つ者は、前述の諸性質を十分に備へた上に、尚ほ一つ尊ばなければならぬ一大事が残つて居る、それは自由といふことで、実業の方では、軍事上の事務のやうに、一々上官の命令を俟つてるやうでは、兎角好機を逸し易いので何事も命令を受けてやると云ふ具合では、一寸発達といふことは六ケ敷い（三六五頁）

守屋淳『現代語訳　論語と算盤』（ちくま新書、二〇一〇年）はここを「自由――自分を頼りにするということ」（一九九―二〇〇頁）と語を補って解釈している。自由は自由としか「現代語訳」できないわけだが、その意味は「自分を頼りにするということ」、漢語としての本来の意味「みずからによる」なのだ。それは自発・自律ということでもある。

明治時代に西洋における自由の概念（英語の freedom や liberty）が移入された。それを表記したのが訳語としての「自由」である。もともとの漢語の「自由」、すなわち仏教で正の価値を帯びていた精神的境地としての、そしてそれを一般社会の常識の観点から否定的に評価する語彙としての「わがまま勝手、したい放題」という意味での「自由」に引きずられ、西洋思想における個別利権的な意味での主張がはびこるようになっていた。渋沢はこの語彙をそのような意味ではなく、「みずからによる」という原義に戻してその重要性を、特に実業界の人たちに求めていた。

「みずからによる」とは、他人の意見に追従するのではなく、自分自身の主体的判断を貫くということである。それこそが、渋沢栄一が『論語』から見出した道徳的意義の枢要な点だったのであろう。

主要参考文献

プロローグ

『決定版　靖国問題入門――ヤスクニの脱神話化へ』（河出書房新社、二〇〇六年）

高橋哲哉『靖国問題』（ちくま新書、二〇〇五年）

高橋哲哉『国家と犠牲』（ＮＨＫブックス、二〇〇五年）

『靖國神社遊就館の世界』（産経新聞ニュースサービス・扶桑社、二〇〇三年）

エピソードⅠ

『佐藤一斎・大塩中斎』日本思想大系四六（岩波書店、一九八〇年）

『大塩中斎』日本の名著二七（中央公論社、一九七八年）

宮城公子『大塩平八郎』（朝日新聞社、一九七七年）

武藤功『国家という難題――東湖と鷗外の大塩事件』（田畑書店、一九九七年）

大橋健二『神話の壊滅――大塩平八郎と天道思想』（勉誠出版、二〇〇五年）

頼山陽（頼成一・頼惟勤訳）『日本外史』（岩波文庫、一九七六―一九八一年）

『頼山陽』日本の名著二八（中央公論社、一九七二年）

富士川英郎『菅茶山と頼山陽』（平凡社、一九七一年）

野口武彦『江戸の歴史家――歴史という名の毒』（筑摩書房、一九七九年）

エピソードⅡ

『水戸学』日本思想大系五三（岩波書店、一九七三年）

『藤田東湖』日本の名著二九（中央公論社、一九七四年）
山川菊栄『覚書　幕末の水戸藩』（岩波書店、一九七四年）
山内昌之・中村彰彦『黒船以降――政治家と官僚の条件』（中央公論新社、二〇〇六年）
丸山真男『忠誠と反逆――転形期日本の精神史的位相』（筑摩書房、一九九二年）
『吉田松陰』日本の名著三一（中央公論社、一九七三年）
河上徹太郎『吉田松陰――武と儒による人間像』（文藝春秋、一九六八年）

エピソードⅢ

矢吹邦彦『炎の陽明学――山田方谷伝』（明徳出版社、一九九六年）
三島正明『最後の儒者――三島中洲』（明徳出版社、一九九八年）
三宅雪嶺『王陽明』（政教社、一八九三年）
岡利郎『山路愛山――史論家と政論家のあいだ』（研文出版、一九九八年）
『内村鑑三集』明治文学全集三九（筑摩書房、一九六七年）
松本三之介『明治思想史――近代国家の創設から個の覚醒まで』（新曜社、一九九六年）
立花隆『天皇と東大――大日本帝国の生と死』上・下（文藝春秋、二〇〇五年）
新渡戸稲造（矢内原忠雄訳）『武士道』（岩波文庫、一九三八年）

エピソードⅣ

蟹江義丸『西洋哲学史』（博文館、一八九九年）
三神礼次『日本武士道』（三神開雲堂、一八九九年）
井上哲次郎『日本陽明学派之哲学』（冨山房、一九〇〇年）

井上哲次郎・有馬祐政編『武士道叢書』（上・中・下）（博文館、一九〇五年）
『総特集　武士道入門――なぜいま武士道なのか』（河出書房新社、二〇〇四年）
『明治宗教文学集（二）』明治文学全集八八（筑摩書房、一九七五年）
大西祝『大西博士全集』（警醒社、一九〇三―一九〇四年）
山川均『山川均全集』（勁草書房、一九六六―二〇〇三年）
大原慧『片山潜の思想と大逆事件』（論創社、一九九五年）
『徳富蘇峰集』明治文学全集三四（筑摩書房、一九七四年）
高瀬武次郎『王陽明詳伝』（文明堂、一九〇四年）

エピソードV

高畠素之『社会主義と進化論』（改造社、一九二七年）
高畠素之『マルキシズムと国家主義』（改造社、一九二七年）
高畠素之『批判マルクス主義』（日本評論社、一九二九年）
高畠素之編『国家社会主義　復刻版』（不二出版、一九八四年）
田中真人『高畠素之――日本の国家社会主義』（現代評論社、一九七八年）
カント（篠田英雄改訳）『実践理性批判』（岩波文庫、一九七九年）
大川周明『日本精神研究』（明治書房、一九三九年）
大川周明『大川周明全集』（岩崎書店、一九六一―一九七四年）
野島嘉晌『大川周明』（新人物往来社、一九七二年）
竹内好『近代日本の思想・人間の解放と教育』竹内好全集八（筑摩書房、一九八〇年）
安岡正篤『日本精神の研究』（玄黄社、一九二四年）

安岡正篤『ますらをの道——武蔵・道元・山鹿素行』（ディー・シー・エス出版局、二〇〇三年）
塩田潮『昭和の教祖安岡正篤』（文藝春秋、一九九一年）
佐古純一郎『近代日本思想史における人格観念の成立』（朝文社、一九九五年）

エピソードⅥ

山川菊栄『おんな二代の記』（平凡社、一九七二年）
山川菊栄『武家の女性』（岩波文庫、一九八三年）
山川菊栄『明日の女性のために——一九四六—一九八〇』山川菊栄集七（岩波書店、一九八二年）
三島由紀夫『行動学入門』（文藝春秋、一九七〇年）
『決定版　三島由紀夫全集』（新潮社、二〇〇〇—二〇〇六年）
『三島由紀夫事典』（勉誠出版、二〇〇〇年）
福島鑄郎『資料　三島由紀夫』（朝文社、一九八九年）
中条省平編『三島由紀夫が死んだ日——あの日、何が終り　何が始まったのか』（実業之日本社、二〇〇五年）
中条省平編『続　三島由紀夫が死んだ日——あの日は、どうしていまも生々しいのか』（実業之日本社、二〇〇五年）
森鷗外『大塩平八郎・堺事件』（岩波文庫、一九九四年）

エピローグ

曽野綾子『善人は、なぜまわりの人を不幸にするのか　救心録』（祥伝社、二〇〇六年）
樋口雄彦『旧幕臣の明治維新——沼津兵学校とその群像』（吉川弘文館、二〇〇五年）

旧版あとがき

本書の内容は、もともと中国語で雑誌に連載するつもりだった。中国の知人から、「日本人の儒教精神について紹介する文章を書かないか？」という誘いを受けたのである。きちんとした解説の欠如が、文化摩擦の一因になっている。当時、就任したばかりの小泉純一郎首相が靖国神社に参拝したこともあって、中国の人々に事ここにいたる歴史的経緯をきちんと説明せねばなるまい、三島由紀夫事件を結び目にして、陽明学と武士道との「創られた関係性」について論じてみよう、と。

だが、あらためて史料を読み、自分の頭で整理して考えながら書き進むうちに、語る対象が中国の人々ではなく、日本の読者へと変わっていった。やはりもっと直截に「いまここ」にある問題を語りたいという気がしてきたのである。

折から、講談社で「中国の歴史」シリーズの一冊（『中国思想と宗教の奔流　宋朝』）を執筆中であったため、編集作業統括者の宇田川真人さんに打ち合わせの席でそのことを述べ、こちらから売り込んでみたところ、快くメチエ編集担当の井上威朗さんを紹介してくださった。井上さんの茫洋としながら（失礼！）も的確に問題点を指摘してくれる態度に誘導されて、六つのエピソードからなる構成案が固まっていった（同世代の読者諸賢なら、「帝国」の興廃に関わってこの六という数に込められた意味はおわかりですよね？）。その各章が列伝風なのは、期せずして、同じく井上さんの差配で五月に刊行されている本郷和人氏『人物を読む　日本中世史』と同じ問題意識をわたしも持っていたからである。ぜひ併読してください！

その後、諸般の事情で原稿執筆は約二年間休止状態になっていたが、「プロローグ」で書いたように、二〇〇五年秋の小泉首相の靖国参拝がふたたびわたしの意欲に火をつけ、二〇〇六年はじめに脱稿した次第である。言うなれば、本書は小泉首相に負うところがはなはだ大きい。その意味では謝意を表しておこう。

本文中でも紹介した『三島由紀夫が死んだ日』にからめて言えば、当時小学二年生であったわたしには、事件の意味はまったく理解できていなかった。わが家では朝日新聞を購読していたから、物議をかもした「首」の写真も届いたはずなのだが、何も覚えていない。ただ、ご遺族がテレビニュースに映るのを見て、母が「あの男の子は毅とおない年なんだって」と語ったことだけ鮮明に記憶している（その「男の子」平岡威一郎氏は私より四日だけ年長である）。

三島がふたたび私の前に大きく立ち現れたのは、指導教官であった溝口雄三先生が三島の陽明学理解に批判的な文章を著しておられたことによってであった（氏の見解は若干の軌道修正（？）をともなって、二〇〇五年新装復刊された中公クラシックス『王陽明　伝習録』の解題「二つの陽明学」になっている）。三島がその陽明学理解において参考にしていた安岡正篤がちょうどその頃他界したこともあり、中国近世儒教研究に志したわたしの前には、溝口氏や島田虔次氏（『中国に於ける近代思惟の挫折』および『朱子学と陽明学』）が見せる学術的な陽明学理解と、安岡や三島が描く俗説的な陽明学理解との齟齬をどう判断するか、という問題が投げかけられた。

考えてみれば、三島がその陽明学理解（というより、三島によれば軽視という無理解ぶり）を批判する丸山真男や、島田虔次、荒木見悟、山下龍二といった人たちは、大正生まれということでは三島と同世代である。彼らの間にあっても、人それぞれに異なる陽明学像が結ばれる原因は、やはり陽明学そのものが持つ一種の不定形性にあるのだろう。どれが正しい陽明学かという問題の立て方よりも、どれも成り立ちうるものとして展開してきた「陽明学」解釈史そのものを扱うこと。これに近代という問題を重ねて見ることによって、今日にいたる「儒教精神」の問題点が明らかになるだろう。——本書がもくろんだのは、そういうことであった。

ただ、わたし自身がこれまであまりにも知らなすぎたせいなのか、史料を読めば読むほど多彩な論点が見えてきて、全体として筋が通ったものとしてまとまっているかどうかは自信がない。加えて、途中から水戸学という、これまた枢要でありながら捉えにくい思想流派を脇役に据えることにしたため、話題が散漫になってしまったかもしれない。御批判いただければ幸いである。

その御子息と同じ年齢で「事件」を見たわたしも、まもなく三島と同じだけの年数を生きることになる。四〇巻を超す彼の全集に比べてわが作品の数はまことに寥々たるものだが、蝸牛の歩みで少しでも先へ進めるように努力していきたい。

平成一八年六月一〇日　黄門様の誕生日に旧水戸藩邸「朱舜水先生終焉之地」にて

小島毅

学術文庫版あとがき

講談社の青山遊さんから学術文庫収録の提案連絡をもらったのは、二〇二三年四月下旬だった。青山さんは選書メチエ版刊行の際に校正作業の段階で交代した担当編集者として世話になっており、以来増刷の件などで何度かメールのやり取りをしている仲だった。ありがたい話と即座に承諾し、文庫化にあたって増訂することを併せて了解した。この文庫版で新たに収録した四つの文章については補篇冒頭に解説したとおりである。

本書は崔在穆（최재목）嶺南大学教授の監修による韓国語訳が二〇二一年四月に二十一世紀文化院（21세기문화원）から出版されている。崔さんは筑波大学大学院に留学経験があり、日本語の『東アジア陽明学の展開』という著書がある（ぺりかん社、二〇〇六年）。わたしも何度かお会いして酒食をともにした。遺憾ながらわたしは韓国語が読めないのだけれど、巻頭には崔さんが九〇ページに及ぶ詳細な監修者解説を付けて、かの国の読者への便を図ってくださっている。

実はそれ以前に中国語版翻訳刊行の話があった。しかしながら（本書を読んでくださったみなさんには容易に想像がつくように）中国の出版社側からキャンセルを申し出てきて計画は立ち消えとなった。講談社から刊行された『中国の歴史7　中国思想と宗教の奔流　宋朝』という別の本（現在はやはり学術文庫に収録されている）についても、その中国語簡体字版では先方のつごうで削除された箇所が多々ある。同じ中国語版でもその繁体字版（台湾で刊行された版）はそれが無かった。台湾海峡をはさんでの政治的・文化的気風の相違を証明するひとつの事例である。中華人民共和国は国是のひとつとして「自由」を掲げている。しかしその「自由」とはなんなのだろうか。どうやらわたしたち日本語話者がふつう思い描く意味、あるいは中江兆民や渋沢栄一が重視していた意味ではなさそうだ。

ここで本書の「エピソード」という表現について自注を付けておこう。お気づきだとは思うが、映画「スター・ウォーズ」へのオマージュである。

旧版刊行時に「スター・ウォーズ」はエピソード6までしか作られていなかった。一九七七年に第一作が封切られ、わたしを含む多くのファンを生み出した。一九八三年の第三作「ジェダイの帰還」までを三部作としたのち、描いている時期を遡ってエピソード1「ファントム・メナス」が一九九九年に公開、エピソード3「シスの復讐」が本書執筆中の二〇〇五年に公開され、銀河共和国が帝国に移行する経緯を描いていったん完結した。この新三部作に対して旧三部作は順次エピソード4から6に割り当てられた。こちらは銀河帝国に対する共和派反乱軍の活躍と、帝国ナンバー2だった悪の権化ダース・ベイダーが最後に善なる心を取り戻して皇帝パルパティーンを奈落の底に突き落とし、共和国が復興してめでたしめでたしで幕を閉じる。考えてみればなんとものどかで「陽明学的」なストーリーであった。

当初から全九作という予告はなされていたものの、当時は「もう六作品で打ち切り」という噂が流れており、それを信じたわたしも天皇制国家体制が確立するまでの前半三篇と、その後を描く後半三篇に分けて本書を終えたのである。ところがかの『大日本史』編纂事業のごとく、「スター・ウォーズ」制作は再開され、二〇一五年から二〇一九年にかけてエピソード7から9を称する続三部作が公開されてついに完結したのである。続三部作では帝国復活をめざすファースト・オーダーに対する共和派反乱軍の活躍が描かれ、最後はやはり善（共和派）が悪（皇帝とその一党）に勝利して大団円となる。であるからして、本来であれば（？）本書もこの文庫版ではエピソード7から9として、一九七〇年の三島事件以降を描くべきだったろう。曰く、戦後体制のもとで平和な世の中が安定的に続くと思っていたら、安倍晋三が権力を握って「戦後レジームからの脱却」と称し、「新しい戦前」（タモリによる二〇二二年一二月のテレビ出演番組での発言）になってしまった、と。続三部作の主役レイは皇帝パルパティーンの孫、カイロ・レンはダース・ベイダーの孫、そして安倍晋三はかつての右派勢力の首領岸信介の孫なのだし……。

しかしながらその構想はわたしのなかで断念され、代わりに人格と自由を強調した四つの文章を追加することに落ち着いた。「スター・ウォーズ」続三部作の隠れテーマも、レイやカイロ・レンについての「たとえ血筋がどうあろうとも、自分自身で考えて行くべき道を選択することの重要性」なのだから。「誰々の子・孫」というくびきに囚われず、独立した人格としてみずからによることで人生を切り拓いていくこと。本書の追補がそれを鼓舞する役に立てば幸いである。

二〇二三年八月のポツダム宣言受諾の日に自衛隊東部方面総監部の駐屯地がある町にて

小島毅

主要登場人物略伝（年齢はすべて数え年）

松平定信（一七五八—一八二九）

楽翁と号す。将軍徳川吉宗の孫にして、田安宗武の三男。白河藩主の養子となる。三〇歳で老中に就任して寛政の改革を主導するも、三六歳で辞任。藩政と学問に長い余生を過ごした。朱子学を重んじ、その学問奨励策は教育熱を江戸後期の社会にもたらした。

青山延于（一七七六—一八四三）

水戸藩士。父をついで彰考館に勤め、『大日本史』編纂に従事。四四歳で藩政改革の建白を行う。彰考館総裁、のち弘道館頭取。その著『皇朝史略』は頼山陽『日本外史』と並ぶ世評を得る。藤田幽谷らの過激派路線とは距離を置いていた。

頼山陽（一七八〇—一八三二）

広島藩儒頼春水の子。二一歳のときに出奔し、幽閉・廃嫡される。三二歳で京都に移り、『日本外史』を完成させる。漢詩文にすぐれ、天保の武家文化を代表する人物として、幕末の志士や明治の文士たちに愛読された。

大塩中斎（一七九三—一八三七）

大坂天満与力大塩敬高の子。父母を幼少にして失い、一四歳で出仕。二四歳のときに陽明学に触れて発奮し、私塾を開いて文武両道を教える。三八歳で退職し、『洗心洞劄記』を執筆。四五歳でいわゆる「乱」を起こし、自殺。

山田方谷（一八〇五―一八七七）
備中松山（現、高梁市）藩士。四五歳で新藩主板倉勝静から藩財政再建の責任者に任ぜられ、殖産興業と軍備の近代化を進めた。六四歳にして戊辰戦争で藩が「朝敵」とされた際の処理に奔走。晩年は閑谷学校の再興に尽力。

藤田東湖（一八〇六―一八五五）
水戸藩士藤田幽谷の子。二一歳で父が没し、翌年家督を継いで彰考館に入って藩政改革を建白する。二四歳のときに徳川斉昭を擁立。その功績により側近として活躍し、三二歳のときに「弘道館記」草稿を提出、四二歳で「弘道館記述義」を著す。安政地震の犠牲となる。

河井継之助（一八二七―一八六八）
長岡藩の家老。蒼龍窟と号す。山田方谷に学び、藩財政再建に尽力。フランス式の兵制改革も実施。四二歳のとき、会津に向かう西軍（官軍）との仲介交渉役を務めるが不調に終わり、奥羽越列藩同盟の中核となって抵抗。長岡陥落後、撤退中に死去。

吉田松陰（一八三〇―一八五九）
長州藩士。杉家から六歳にして山鹿流師範を代々務める吉田賢良の養子となる。九歳で教授見習い。無断で水戸・東北に旅行したため、二二歳にして士籍を剥奪される。二五歳、ペリー艦隊に潜入を企て失敗、萩で幽閉処分。老中間部詮勝暗殺計画などにより、安政の大獄で三〇歳にして江戸で処刑。

三島中洲（一八三〇―一九一九）
天領倉敷の出身。山田方谷に師事。彼の後任として備中松山藩政を担い、戊辰戦争の収拾にあたる。明治政府に出仕して大審院判事を務め、さらに東京大学教授。一方で洋学偏重の官学を補う意図から、四八歳にして漢学再興のため二松学舎を創設。六七歳から大正天皇の教育係を務める。

渋沢栄一（一八四〇―一九三一）
武蔵深谷の豪農の子。二五歳にして京で一橋慶喜の知遇を得、幕臣となる。二八歳で徳川昭武の随員としてパリ万博などを見聞した。帰国後、明治政府に出仕し大蔵省幹部となるも、三四歳で辞職。以後は銀行・紡績など各種企業の創業育成や、東京女学館など私立学校の創設経営に尽力した。

井上哲次郎（一八五五―一九四四）
東京大学に学び、助教授就任後、命ぜられてドイツに留学。三七歳で政府から『勅語衍義』執筆を委嘱される。四三歳で東京帝国大学文科大学の学長に就任し、学科編成の基礎を築いた。国民道徳論を唱え、一般国民の戦争体制への協力動員に貢献した。

浮田和民（一八五九―一九四六）
同志社英学校の一期卒業生。そのまま母校の教員を務めたのち、東京専門学校に奉職、四四歳で大学部文学科の科長に就任。大隈重信の参謀役であった。民本主義理論の発案者とされる。

三宅雪嶺（一八六〇―一九四五）
　加賀藩のお抱え医者の子として金沢に生まれる。東京大学哲学科を卒業、文部省などに勤めたが辞職、二九歳で政教社を結成、言論文筆活動に従事した。国粋主義者として明治大正時代の世論を導く。

内村鑑三（一八六一―一九三〇）
　上州高崎藩士の子として江戸に生まれる。札幌農学校で学び、キリスト教に入信。アメリカ留学後、第一高等中学校の教師となるが、三一歳のときに教育勅語の御名御璽に敬礼しなかったとして辞任に追い込まれる。新聞記者として活躍するが日露戦争反対の論陣を張って辞職。非戦論を唱えて活躍した。

新渡戸稲造（一八六二―一九三三）
　陸奥盛岡藩士の子。札幌農学校で内村と同期。東京大学で学び、アメリカとドイツに留学して農業経済学を研究。四〇歳のときから二年間、台湾総督府で製糖業の育成にも貢献した。四五歳で第一高等学校校長となり東京帝大教授を兼任。東京女子大学初代学長も務める。五九歳で国際連盟事務次長。

山川均（一八八〇―一九五八）
　岡山県倉敷の士族の家に生まれる。同志社に学ぶも退学。上京し、二七歳で社会党に入党。三七歳からは売文社で活躍、四三歳で日本共産党の創立にも携わる。共産党を離れてからは労農派の理論家となり、戦後は社会主義協会（＝日本社会党左派）で活躍。

高畠素之（一八八六―一九二八）
　群馬県出身。同志社で学ぶも退学。二三歳で社会主義者として投獄され、二六歳で売文社に入社。三二歳のときのロシア革命を機に国家社会主義思想を説くようになる。三九歳でマルクス『資本論』をはじめて日本語に完訳。政界進出を企てるも四三歳で病死。

大川周明（一八八六―一九五七）
　山形県出身。熊本の五高から東京帝国大学に入学、印度哲学を学ぶ。三三歳で満鉄に入社。北一輝と猶存社を結成。四七歳のとき、五・一五事件の幇助罪で投獄される。戦後A級戦犯として法廷に立つも精神障害により免罪。

山川菊栄（一八九〇―一九八〇）
　東京出身。森田龍之助・千世夫妻の子。千世は水戸藩儒青山家出身で、一七歳で祖父・延寿の後をつぎ菊栄がその戸主となる。二七歳にして『青鞜』への投稿で社会運動・婦人問題活動家の道を歩みはじめる。五八歳で戦後の日本社会党に入党。同年、労働省婦人少年局長。晩年は茨城県史編纂事業に協力。

安岡正篤（一八九八―一九八三）
　大阪府出身。東京帝国大学法学部を卒業、フリーの思想研究者として『日本精神の研究』で鮮烈にデビュー。軍部や政界と関係が深く、金鶏学院を設立して多くの門下生を育てた。四八歳のときに終戦詔勅の文飾を担当。戦後は自民党総裁（＝日本国首相）たちの相談にあずかったとされる。

三島由紀夫（一九二五―一九七〇）

本名は平岡公威。東京出身。学習院から東京帝国大学法学部へ進む。父と同様に官僚となるもののすぐに辞職し、プロの作家となって数多くの小説・戯曲を著した。四〇歳頃から政治的発言が増え、楯の会を創設して右翼活動家と目されるようになる。自衛隊庁舎にて割腹自殺。

注記：本書本文では、一九〇二年施行の「年齢計算ニ関スル法律」に従ってエピソードⅣ以降の登場人物には満年齢表記をしているが、ここでは一九五〇年施行の「年齢のとなえ方に関する法律」に「数え年によつて言い表わす従来のならわし」という表現があるのにもとづき、当時の人たちの実感に沿おうとする思想史的良心からすべて数え年表記とした。

本書関連年表

西暦	年号	
一七九〇	寛政2	松平定信の指導のもとで寛政異学の禁
一八一九	文政2	水戸藩が『大日本史』紀伝部分を幕府に献上
一八二七	文政10	頼山陽が『日本外史』を松平定信に献呈
一八二九	文政12	藤田東湖らの奔走により徳川斉昭が水戸藩主となる
一八三七	天保8	大塩平八郎の乱
一八四〇	天保11	青山延于・会沢正志斎が新設された弘道館の頭取に就任
一八五一	嘉永4	吉田松陰が東日本各地を旅行し、水戸を訪問する
一八五三	嘉永6	黒船来航
一八五八	安政5	井伊直弼大老となり、安政の大獄始まる
一八六四	文久4 ＝元治元	天狗党挙兵。松平頼徳、切腹
一八六七	慶応3	大政奉還
一八六八	慶応4 ＝明治元	明治維新。戊辰戦争
一八七七	明治10	三島中洲が二松学舎を創設する。西南戦争
一八七九	明治12	東京招魂社を靖国神社と改称
一八八八	明治21	三宅雪嶺らが政教社を結成する

西暦	和暦	事項
一八八九	明治22	大日本帝国憲法発布
一八九〇	明治23	教育勅語公布
一八九一	明治24	内村鑑三不敬事件
一八九四	明治27	日清戦争始まる
一八九九	明治32	新渡戸稲造『武士道』がアメリカで出版される
一九〇〇	明治33	井上哲次郎『日本陽明学派之哲学』が刊行される
一九〇四	明治37	日露戦争始まる
一九〇六	明治39	『大日本史』完成
一九〇八	明治41	東敬治らが陽明学会を創設
一九一〇	明治43	大逆事件。韓国併合
一九一一	明治44	徳冨蘆花が一高で「謀叛論」を講演
一九一二	明治45=大正元	乃木希典が明治天皇に殉死する
一九一四	大正3	第一次世界大戦始まる
一九一六	大正5	青山（山川）菊栄が「公私娼問題」を著す
一九一七	大正6	ロシア革命起こる
一九一九	大正8	高畠素之が『資本論』翻訳に着手（五年後に完成）
一九二二	大正11	山川均も加わり日本共産党（第一次）が結成される
一九二三	大正12	関東大震災
一九三一	昭和6	満州事変

西暦	和暦	事項
一九三二	昭和7	五・一五事件。幇助罪で大川周明逮捕される
一九三六	昭和11	二・二六事件
一九三七	昭和12	盧溝橋事件により日中全面戦争へ
一九四一	昭和16	米英とも開戦
一九四五	昭和20	敗戦（安岡正篤の文飾による終戦の詔勅＝玉音放送）
一九四七	昭和22	日本国憲法、教育基本法施行。労働省が新設され、山川菊栄が婦人少年局長に就任
一九五一	昭和26	サンフランシスコ講和条約。日米安保条約。社会党分裂
一九六五	昭和40	日韓国交樹立
一九七〇	昭和45	大阪万博。日航機よど号乗っ取り事件。三島事件
一九七二	昭和47	沖縄返還。日中国交正常化
		＊
二〇〇六	平成18	「改正」教育基本法が施行される

さ

た

索 引

KODANSHA

本書は、二〇〇六年に講談社選書メチエより刊行されたものを原本とし、
新たに「増補」を加えて文庫化したものです。

小島　毅（こじま　つよし）

1962年生まれ。東京大学大学院人文科学研究科修士課程修了。現在，東京大学大学院人文社会系研究科教授。主な著書に『中国近世における礼の言説』『宋学の形成と展開』『中国の歴史７　中国思想と宗教の奔流　宋朝』『増補　靖国史観』『朱子学と陽明学』『東アジアの儒教と礼』『宗教の世界史５　儒教の歴史』『儒教が支えた明治維新』『子どもたちに語る日中二千年史』など。

定価はカバーに表示してあります。

近代日本の陽明学

小島　毅

2024年３月12日　第１刷発行

発行者　森田浩章
発行所　株式会社講談社
東京都文京区音羽 2-12-21 〒112-8001
電話　編集（03）5395-3512
販売（03）5395-5817
業務（03）5395-3615
装　幀　蟹江征治
印　刷　株式会社ＫＰＳプロダクツ
製　本　株式会社国宝社
本文データ制作　講談社デジタル製作

ISBN978-4-06-535214-4

「講談社学術文庫」の刊行に当たって

これは、学術をポケットに入れることをモットーとして生まれた文庫である。学術は少年の心を養い、成年の心を満たす。その学術がポケットにはいる形で、万人のものになることは、生涯教育をうたう現代の理想である。

こうした考え方は、学術を巨大な城のように見る世間の常識に反するかもしれない。また、一部の人たちからは、学術の権威をおとすものと非難されるかもしれない。しかし、それはいずれも学術の新しい在り方を解しないものといわざるをえない。

学術は、まず魔術への挑戦から始まった。やがて、いわゆる常識をつぎつぎに改めていった。学術の権威は、幾百年、幾千年にわたる、苦しい戦いの成果である。こうしてきずきあげられた城が、一見して近づきがたいものにうつるのは、そのためである。しかし、学術の権威を、その形の上だけで判断してはならない。その生成のあとをかえりみれば、その根は常に人々の生活の中にあった。学術が大きな力たりうるのはそのためであって、生活をはなれた学術は、どこにもない。

開かれた社会といわれる現代にとって、これはまったく自明である。生活と学術との間に、もし距離があるとすれば、何をおいてもこれを埋めねばならない。もしこの距離が形の上の迷信からきているとすれば、その迷信をうち破らねばならぬ。

学術文庫は、内外の迷信を打破し、学術のために新しい天地をひらく意図をもって生まれた。文庫という小さい形と、学術という壮大な城とが、完全に両立するためには、なおいくらかの時を必要とするであろう。しかし、学術をポケットにした社会が、人間の生活にとってより豊かな社会であることは、たしかである。そうした社会の実現のために、文庫の世界に新しいジャンルを加えることができれば幸いである。

一九七六年六月　　野間省一

1781
西田幾多郎著／小坂国継全注釈
善の研究 全注釈

日本最初の本格的な哲学書『善の研究』。西洋思想と厳しく対決し、独自の哲学体系を構築した西田幾多郎。人間の意識を深く掘り下げ、心の最深部にある真実の心は何かを追究した代表作を噛み砕き読み解く。 電P

1791
中沢新一著
森のバロック

生物学・民俗学から宗教学まであらゆる不思議に挑んだ南方熊楠。森の中に、粘菌の生態の奥に、直感される「流れるもの」とは？　南方マンダラとは？　後継者を持たない思想が孕む怪物的子供の正体を探る。 電

1801
長尾龍一著
法哲学入門

知の愛である哲学が非常識の世界に属するのに対し、法学は常識の世界に属する。両者の出合うところに立ち上がる人間存在の根源的問題。正義の根拠、人間性と秩序、法と実力など、法哲学の論点を易しく解説。 電P

1822
柄谷行人著
日本精神分析

資本、国家、ネーションの三位一体が支える近代国家。芥川、菊池、谷崎の短編を手がかりに、近代日本のナショナリズムと天皇制、民主主義、貨幣を根源的に問い、近代国家を乗り越える道筋を示す画期的論考。 電P

1855
山川偉也著
哲学者ディオゲネス 世界市民の原像

甕（かめ）の中に住まい、ぼろをまとってアテナイの町をうろつき教説を説いた「犬哲学者」の実像とは。そして、アリストテレス的人間観を全否定して唱導・実践した「世界市民」思想とは何か。その現代的意味を問う。 電P

1863
佐々木正人著（解説・計見一雄）
アフォーダンス入門 知性はどこに生まれるか

アフォーダンスとは環境が動物に提供するもの。外界は人間に対してどんな意味を持つのか。また知性とは何なのか。二〇世紀後半に生態心理学者ギブソンが提唱し衝撃を与えた革命的理論をわかりやすく紹介。 電P

外国の歴史・地理

2655
川本芳昭著
中国の歴史5
中華の崩壊と拡大　魏晋南北朝
乱立する五胡十六国、雲岡・龍門などの壮麗な石窟寺院、華開く六朝文化。東アジアに新たな世界秩序が築かれ、中華意識が形成された、四〇〇年にわたる大分裂時代。「蛮」と融合し、漢民族は巨大化していく。 電P

2656
氣賀澤保規著
中国の歴史6
絢爛たる世界帝国　隋唐時代
貴族文化と北方遊牧民のおおらかな気風が、世界最高の文明国を生み出した。シルクロードの国際都市・長安。楊貴妃・則天武后ら女性の登場。仏教と文芸も栄えた大帝国が倒れた時、東アジア世界は一変する。 電P

2657
小島　毅著
中国の歴史7
中国思想と宗教の奔流　宋朝
朱子学の誕生、士大夫による文治主義の確立。軍事的には北方の異民族王朝の侵攻に苦しみながら、中国伝統文化の型を作り上げた時代。喫茶と陶磁、文人画や禅など、「宋」は日本文化の奥底に生きている。 電P

2658
杉山正明著
中国の歴史8
疾駆する草原の征服者　遼　西夏　金　元
契丹＝キタイ帝国、沙陀軍閥の後唐、タングト族の西夏、女真族の金。多極化と流動化のはてに、歴史の統合者たる大モンゴル国が浮上する。ユーラシアを席捲した騎馬遊牧民の興亡と、超域帝国誕生のドラマ。 電P

2659
上田　信著
中国の歴史9
海と帝国　明清時代
巨大事業に彩られた古代的な王朝・明から、近代的な活気に満ち、少数の満洲族のもとで多数の漢族が闊達に生きていた清朝へ。倭寇、銀の流通、チベット仏教、アヘン交易など、地球的視野で五〇〇年を描く。 電P

2660
菊池　秀明著
中国の歴史10
ラストエンペラーと近代中国　清末　中華民国
史上初めて、南の辺境から改革の風が吹いた。太平天国は、孫文の辛亥革命、蔣介石の北伐、毛沢東の長征へ続く激動の始まりだった。流転する皇帝の数奇な運命と、中華再生をかけた魯迅、張学良らの苦闘。 電P